Apprivoisez votre stress

Éditions d'Organisation
1, rue Thénard
75240 Paris Cedex 05
Consultez notre site :
www.editions-organisation.com

Dominique Hoareau
stressources@aol.com

Docteur Dominique HOAREAU

Apprivoisez
votre stress

Une panoplie de solutions

**Éditions
d'Organisation**

L'ouvrage en une page
Par les idées phares et les tests

Sommaire

Troisième partie
Comment l'individu réagit au stress ?

Quatrième partie
Comment bien gérer le stress

Avertissement

Cet ouvrage utilise un certain nombre de termes appartenant au domaine scientifique, psychologique et médical d'une part, et au monde de l'entreprise d'autre part. Mon intention est d'apporter une information claire et convaincante.

Le lecteur trouvera une présentation rigoureuse, mais accessible et allant à l'essentiel.

Les mots en italique renvoient au lexique en fin d'ouvrage, et toute personne désireuse d'approfondir tel ou tel domaine pourra se référer aux auteurs sélectionnés dans la bibliographie.

Les spécialistes qui me liront voudront bien comprendre que certains thèmes ont été volontairement limités dans leurs développements pour ne pas alourdir la rédaction. Nous les renvoyons à leurs connaissances qui, dans leurs domaines d'expertise propres, vont certainement bien au-delà de ce que j'expose ici.

Avant-propos

Cet ouvrage a pour ambition de tenter de répondre à un certain nombre de questions que chacun peut se poser (ou ne pas se poser), autour du stress, notamment en univers professionnel.

On entend tellement parler de stress, de la maladie du stress, et pourquoi pas de « stress : maladie du siècle », qu'il m'a paru nécessaire de procéder à certains rectificatifs sur ce qu'est le stress et ce qu'il n'est pas.

D'autant qu'à « maladie », répond invariablement « traitement », c'est à dire un ensemble de réponses tournant toujours autour de la « lutte anti-stress », ou de « comment se débarrasser du stress », ce qui est tout aussi inadapté.

Quand je dis que l'on peut « ne pas se poser certaines questions », je veux simplement dire :

— que si on ne trouve pas de réponse à une question, c'est souvent parce que on ne se pose pas la bonne question,

— et que la confusion sur le sens des mots et des maux, des causes et des conséquences, crée un brouillard d'hypothèses, d'allégations et d'affirmations, qui empêche tout naturellement le sujet concerné d'y voir clair.

Comprendre le stress signifie d'abord renoncer à un certain nombre d'idées reçues, se débarrasser de certains préjugés et avoir un œil et une oreille vierges de tout *a priori*.

Cela passe aussi par la connaissance des mécanismes qui sous-tendent le stress, avant d'en aborder les solutions ou même les « recettes ». Combien de fois avez-vous entendu et vérifié dans la vie cet adage : « Un problème bien posé est un problème à moitié résolu ».

C'est aussi systématiquement faire l'effort de replacer la lecture de ce livre, la lecture des événements de notre vie ou de celle des autres, dans leur contexte, c'est à dire dans le temps et dans l'espace. Le passé éclaire le présent parce que celui-ci s'inscrit dans une logique évolutive qui dirige le fil des choses de la vie. Et non parce que les « pourquoi », les « comment » et les solutions d'hier sont applicables aux problèmes d'aujourd'hui.

Enfin, réagir, s'en sortir et réussir sont avant tout affaires personnelles : les solutions de Paul ne sont pas celles de Valérie qui ne sont pas celles de Stéphane, etc. même s'il peut y avoir du bon à prendre par ci, par là. A chacun, avec son bagage, son histoire, ses outils et tout ce qu'il pourra trouver de bon autour de lui, de construire les réponses à ses questions.

Le vouloir suffira-t-il pour y arriver ? Certainement pas.

Alors comment s'y prendre ?

1. D'abord, connaître son désir et ses besoins : les identifier et les respecter sans pour autant en être l'esclave.
2. Ensuite s'équiper d'une volonté suffisante : la volonté est au désir ce que le marteau est au charpentier : l'outil, seulement l'outil, mais l'outil indispensable qui permet de passer de la pensée à l'acte, du désir à sa réalisation. Et bien sûr, il y a de bons et de moins bons outils... et que faire d'un outil s'il n'y a pas d'idée derrière ?

3. Enfin, être la bonne personne au bon moment au bon endroit certes…, mais aussi avec les bonnes personnes. Combien de tensions, d'échecs et de gâchis résultent non des personnes elles-mêmes, mais de l'inadéquation entre elles, entre elles et le lieu ou le moment, etc. ?

Vous lirez donc à travers ces pages des choses connues, et d'autres plus nouvelles, voire qui iront à l'encontre de certaines de vos idées. Quelques unes vous paraîtront brusquement évidentes, comme sorties du brouillard dont nous parlions, certaines vous iront bien, d'autres moins bien, d'autres pas du tout. Et c'est normal : je n'ai pas la prétention de détenir des réponses à tout, ni celle de rédiger un livre pour chacun. Et puis, un bon pédagogue se doit de proposer un cocktail savamment dosé : rigueur et pointe d'humour, mais aussi quelques touches de séduction et de provocation !

À vous de faire les choix utiles, en espérant que ma modeste contribution éclairera un peu mieux la scène de votre vécu.

Introduction

Le stress est un mot dont l'actualité est telle qu'il résonne comme une excuse toute prête pour justifier nos manques et nos difficultés. Mais c'est du même coup, un terme dont la définition est variable d'un individu à l'autre parce que le vécu des situations est lui même variable.

Voilà donc un échantillonnage de questions que j'ai fréquemment entendues (FAQ Frequently Asked Questions comme on dit maintenant dans le langage informatique) dans ma pratique. Histoire de situer le sujet.

« Le stress existe-t-il depuis le milieu du XXe siècle ? »

Non. Le stress a toujours existé de tout temps. C'est un phénomène qui concerne tous les êtres vivants, y compris les végétaux, et ce depuis que le monde est monde. L'Homme de Cro-Magnon connaissait le stress aussi. Pour lui la situation était toutefois plus simple que pour nous, se résumant vraisemblablement à « trouver à manger avant qu'on ne le mange ». Mais c'est vrai que le concept même de stress est de découverte récente, et sa compréhension n'est pas encore achevée.

« Peut-on se débarrasser du stress ? »

Non. Il n'y a que dans les cimetières que l'on trouve des gens non stressés. Non pas que nous le soyons en permanence de façon désagréable ou nocive, mais plus ou moins quand même selon les événements vécus, notre seuil de tolérance et notre degré d'accoutumance. Nous devons vivre avec le stress, phénomène complexe mais totalement inhérent à notre physiologie et à notre fonctionnement.

« Le stress est-il une maladie ? »

Non. Le stress n'est ni une maladie, ni une tare génétique, ni même une doctrine, encore moins une philosophie ou un concept médiatique de cette fin de siècle. Le stress, c'est d'abord une DECOUVERTE SCIENTIFIQUE que l'on doit à Hans SELYE, médecin canadien d'origine autrichienne, et dont la définition s'est enrichie au fur et à mesure de sa compréhension. En effet, l'état de stress d'un individu, comme REPONSE A UN AGENT STRESSEUR, doit intégrer de nombreux paramètres : neuro-hormonaux, psychiques, socioculturels, héréditaires.

« Le stress, mais alors c'est l'agresseur, ce sont les autres ? »

Le stress n'est pas l'agresseur : il ne le recouvre qu'en partie. Le stress, c'est aussi nous et notre réaction face à l'autre.

« Existe-t-il un bon et un mauvais stress ? »

Non. Le stress est intrinsèquement neutre. Sa coloration bonne ou mauvaise, positive ou négative vient simplement de notre façon de vivre l'événement, du regard positif ou négatif que nous jetons sur lui. Si je me marie par amour, le stress sera positif. Si je me marie sous la contrainte, il sera négatif. Si je suis licencié d'une « boîte » où je ne me plais plus, alors que je sais qu'on m'attend ailleurs, le stress sera positif. Quand je regarde une bouteille à moitié remplie, j'ai deux possibilités : la voir à moitié pleine ou à moitié vide… Vous devinez sans peine quelle serait l'attitude positive dans ce cas ?

« A quoi sert le stress alors, s'il a toujours existé, si on ne peut pas s'en débarrasser, si ce n'est ni une maladie, ni l'autre, s'il n'est ni bon ni mauvais ? »

Le stress ne sert qu'à une chose : à s'adapter. Lors de mes conférences sur le stress, je dis toujours : « Si vous ne devez retenir qu'une chose de ce que je vous raconte, c'est celle-là : le stress ne sert qu'à une chose, **à l'adaptation** des êtres vivants. Chaque fois que vous vous sentez stressé, c'est que la vie vous met face à une situation où il faut évoluer et changer quelque chose, ou alors renoncer et partir. Sinon, les conséquences en seront plus ou moins fâcheuses sur le plan de votre santé.»

« Comment définir le stress simplement ? »
Nous pourrions le définir comme une RÉPONSE que donne un organisme vivant à toute DEMANDE qui lui est faite. Ce qui va compter c'est l'intensité de la demande, sa durée, sa répétitivité ou sa soudaineté. Et plus encore, le VÉCU que le sujet en aura. Ce qui va moduler et colorer le stress, ce sont les capacités d'appréciation et de réponse de celui qui en est l'objet.

Représentation des " acteurs " et de la " dynamique " du stress

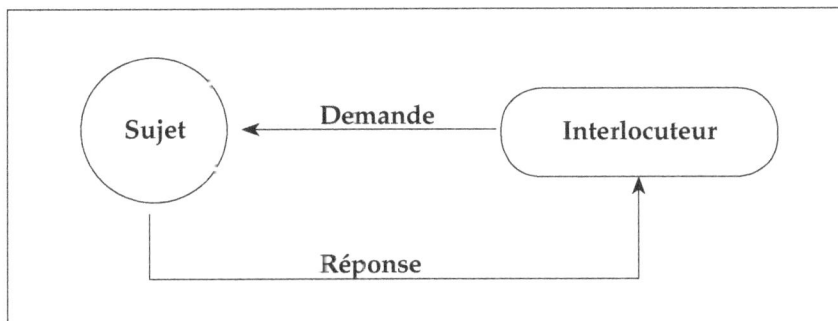

Ce tableau représente n'importe quelle relation entre deux êtres, prise sous l'influence d'un environnement. Parce que pour qu'il y ait stress, il faut qu'il y ait relation, ou plus exactement transaction avec modification de l'équilibre relationnel.

« *Faut-il lutter contre le stress ?* »

On ne lutte pas contre le stress.

1. On commence par le reconnaître d'abord comme partie de soi-même.
2. On l'accepte pour ce qu'il est et rien que ce qu'il est. Il ne faut ni le traiter par le mépris, ni le diaboliser.
3. Une fois admis, on le gère avec plus ou moins de chance et de réussite selon les moyens dont on dispose, et aussi les leçons tirées des expériences passées.

Ne nous y trompons pas : si le stress mal géré génère plus de problèmes médicaux et socioprofessionnels que pas assez de stress, un niveau optimal de stress est toutefois nécessaire pour autoriser des comportements souples et novateurs.

L'Homme dispose, depuis la nuit des temps de cet outil qui lui a permis et lui permet toujours d'évoluer : sa capacité à stresser.

Les déviances du langage courant ont fait l'amalgame entre stresseurs, stress et conséquences négatives du stress, d'où la confusion dans les esprits quand il s'agit d'en parler et d'agir. Vous devez éviter cette confusion entre stress et conséquences du stress ; celles-ci regroupent l'ensemble des troubles médicaux, mais aussi socio-professionnels qui découlent d'une situation de stress qui perdure sans trouver de solution. Et alors oui, bien sûr, on lutte contre les conséquences du stress. Mais il en va de cette lutte comme de celle contre la maladie : soit on pratique une politique de prévention (anticiper et " vacciner "), soit une politique de soins (attendre et " traiter "). Il y a vraisemblablement là un choix à faire qui serait à la fois plus profitable à l'humain et plus économique...

« *Alors que faire ?* »

En conclusion, les changements que nous traversons génèrent de nécessaires adaptations dont les processus mettent en jeu un ensemble complexe de réactions touchant à toutes les facettes de l'homme : biologique, psychologique, sociale, innée, etc. Lutter contre le stress signifierait lutter contre les mécanismes d'adaptation mis en jeu. Ce qui serait un non-sens.

Il faut donc d'abord réhabiliter le stress (et non ses conséquences) au titre d'un « potentiel d'énergie », permettant avant tout au sujet :
- d'optimiser son adaptation aux mutations socio-professionnelles
- d'exprimer ses ressources créatives.

Ce potentiel, c'est sa capacité à stresser au juste niveau, c'est à dire, sa capacité à réussir ses relations dans son environnement de plus en plus instable il est vrai. Il faut donc savoir stresser et en faire bon usage. C'est à mon avis la condition *sine qua non* pour une prévention efficace des conséquences négatives du stress.

Dans cet ouvrage, nous commencerons dans la première partie par **définir le concept de stress**, c'est à dire définir les facteurs en présence et leur environnement.
Ensuite, nous envisagerons dans la deuxième partie son **expression dans la vie socio-professionnelle**, c'est à dire comment il se vit et s'exprime.

Puis, dans la troisième partie, nous aborderons les **réponses individuelles** (physiologiques et pathologiques) qu'il implique pour l'acteur social, comme pour les organisations au sein desquelles elles évoluent.

Enfin, nous verrons dans la quatrième partie **comment manager le stress**, comment l'accepter et gérer les situations stressantes, à la fois dans les comportements et attitudes spontanés mais souvent générateurs d'une compulsion de répétition, et dans les situations plus particulières.

Chaque fois et pour chaque thème abordé, nous suivrons le même cheminement :

⇨ nous partirons de la réalité
⇨ pour aborder la théorie et les mécanismes
⇨ en émaillant l'exposé d'exemples concrets
⇨ pour finir par les idées « PHARE »
⇨ et enfin, au travers d'un petit test d'auto-évaluation, vous reprendrez en quelque sorte la parole pour confronter votre vécu.

Mon objectif est de faire coller au plus près l'analyse avec ce que vous vivez au travers d'exemples tirés de la vie de tout un chacun, et de vous laisser faire sa propre votre propre synthèse.

Mes intentions sont claires :

⇨ montrer que le stress est négatif si on le voit comme tel
⇨ démontrer que gérer, c'est :
comprendre, accepter, et agir.

Première partie

Qu'est ce que
le stress ?

« Rien n'est permanent, sauf le changement »

(Héraclite)

1

Quelle est la perception traditionnelle du stress ?

Conversation entendue
(de l'intérêt de se mettre d'accord sur le sens des mots)

— *Oh là là bou diou ! j'ai le stress ce matin ! ma fille passe son concours aujourd'hui, et j'ai tellement peur pour elle…*
— *Mais peuchère ! elle est formidable cette petite !*
— *Oui mais, elle est tellement angoissée… tu comprends, c'est plus la même chose qu'à l'école maintenant.*
— *Et puis Lucienne, c'est son avenir qui se joue !*
— *Elle a rien mangé ce matin : ça passait pas… la gorge serrée… pas fermé l'œil de la nuit…*
— *C'est pas les examens, le stress. C'est les examinateurs !*
— *Comment je vais la retrouver cette petite ce soir ?*
— *Oh là là Lucienne ! tu vas me refaire de l'eczéma si tu continues à te faire du mouron comme ça !*

> — *Non, mon eczéma, c'est les allergies. C'est l'ulcère que j'ai eu à cause de mon divorce. Et maintenant que cette pouffiasse l'a laissé tomber... vé! ça va beaucoup mieux!*
> — *Té! j'y comprends plus rien. Je croyais que c'était ton mari te donnait des boutons?*
> — *Non, ça, c'était façon de parler!*

D'où vient le mot stress?

Du latin « stringere », qui veut dire : tendu, raide. Ce sont les Anglais qui l'utilisèrent le premier, et il semble même qu'au XVIIᵉ siècle ils lui donnaient déjà une connotation de détresse psychique. Toutefois, c'est dans le domaine de la physique où il fut d'abord le plus utilisé pour définir une pression ou une torsion.

Si sa définition actuelle date des années 36-40, ce qu'il recouvre est aussi vieux que le monde.
Dès l'Antiquité les hommes avaient déjà pressenti l'existence de liens possibles entre les chocs et les traumatismes (physiques ou psychiques) reçus par un individu d'une part, et certaines maladies d'autre part. C'est-à-dire, des relations possibles entre le cerveau et le corps. 500 ans avant J.-C., les Grecs savaient ainsi qu'on pouvait perdre la vue après un choc émotif violent.

Puis les théories des spécialistes de toutes les époques qui suivirent oscillèrent entre l'acceptation de l'influence du psychisme et son rejet : la sempiternelle question était de savoir si des maladies avaient ou non une origine psychique.

Aujourd'hui, plus personne ne conteste que l'esprit et le corps sont intimement liés et que l'un influence l'autre et vice versa. Le plus difficile est de faire la part des choses et des responsabilités entre les deux.

1. Quels rôles jouent les hormones dans le stress?

Dans les années 30-40, un jeune médecin canadien d'origine autrichienne, Hans SELYE faisait le constat suivant : il existe toutes sortes de maladies, mais à y regarder de plus près, on retrouve beaucoup de symptômes identiques dans plusieurs de ces maladies. Par exemple, la fièvre, la fatigue, les douleurs musculaires et articulaires sont des signes communs aussi bien à une hépatite, qu'une grippe ou une gastro-entérite. En revanche, la jaunisse est propre à l'hépatite, maux de gorge et rhume sont absents de l'hépatite et de la gastro-entérite, et diarrhées et vomissements sont typiques de cette dernière. Il en conclut ainsi qu'il existait deux sortes de symptômes :
— ceux qui sont spécifiques d'une affection
— ceux qui sont communs à plusieurs affections.
Il appela l'ensemble des premiers : la réponse spécifique (RS) à l'agent agresseur ; et les seconds : la réponse non spécifique (RNS).

Hans SELYE poursuivit ses travaux et vérifia que des animaux de laboratoire soumis à des agressions diverses (que les défenseurs des animaux et mon chat ne m'en veuille pas trop d'en parler...) avaient eux aussi deux sortes de réactions :
1. celles spécifiques au stresseur donné, que l'on ne retrouve qu'avec lui (RS),
2. celles non spécifiques, et que l'on retrouve avec tous les stresseurs (RNS).

Il est aisé de comprendre que piquer avec une aiguille ou chauffer avec une flamme vont entraîner des phénomènes différents mais aussi des réactions semblables.

En fait, SELYE allait plus loin encore, puisque procédant à des bilans sanguins et des dosages hormonaux, il put apporter dans les années 30-40 les conclusions suivantes :

1. La RNS, représente un phénomène particulier et précis qu'il appelle stress.

2. Celui-ci est caractérisé par un ensemble de changements et d'altérations biologiques observés dans ses expérimentations, accompagnés de symptômes physiques correspondants, et que l'on retrouve quelle que soit la cause.

3. Il donne alors le nom de Syndrome Général d'Adaptation (SGA) à ce qu'il considère comme un ensemble d'indices objectifs du stress : les perturbations biologiques. Cette appellation SGA deviendra par la suite le syndrome biologique du stress.

H. SELYE espérait pouvoir mesurer sans contestation possible le niveau de stress et ses conséquences par de simples dosages hormonaux. La suite allait lui donner partiellement tort.

Le stress est donc pour lui la réponse non spécifique que donne le corps à toute demande qui lui est imposée, que l'effet soit mental ou somatique.

EXEMPLE *Je reçois un coup de bâton sur la tête :*
  — *la réponse spécifique (RS) à ce traumatisme sera la bosse*
  — *la réponse non spécifique (RNS) sera plus complexe : malaise, voire évanouissement, peur, questionnement, etc.*
Autre exemple : j'apprends une mauvaise nouvelle.
  — *la réponse spécifique (RS) sera la colère ou la tristesse*
  — *la réponse non spécifique (RNS) sera plus complexe aussi : palpitations, tremblements, inquiétude, etc.*

On constate aisément qu'il aurait été possible d'inverser les deux RNS entre ces deux exemples, parce que justement elles ne sont pas spécifiques d'une situation précise. Alors qu'une mauvaise nouvelle n'a jamais donné de bosses (RS) à qui que ce soit…

Tableau du Syndrome Général d'Adaptation selon H. SELYE

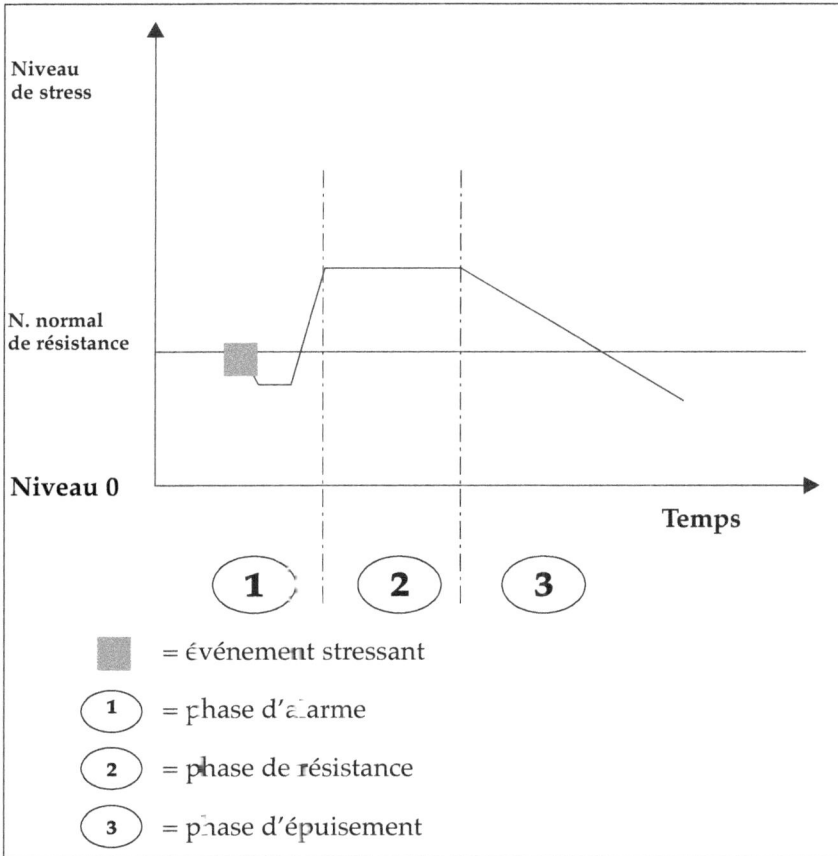

1 et **2** correspondent aux phases « normales » du stress, avec, en termes de souffrance, des conséquences modérées. **3** correspond à la pathologie du stress, avec des conséquences plus graves, allant jusqu'au décès s'il y a épuisement complet.

Ce SGA, qui reste encore la base physiologique des approches actuelles du stress, se décrit en trois phases :
- la réaction d'alarme correspondant au temps de « l'agression »,
- la phase de résistance, où le sujet tente de faire face,
- la phase d'épuisement où « l'agression » finit par épuiser les ressources de l'organisme (jusqu'à son décès dans le pire des cas).

Il va sans dire que la troisième phase est observable quand le sujet est dépassé par « l'agression », ce qui n'est pas, heureusement, la situation la plus fréquente.

Les agents responsables de ce type de réaction sont appelés les stresseurs.

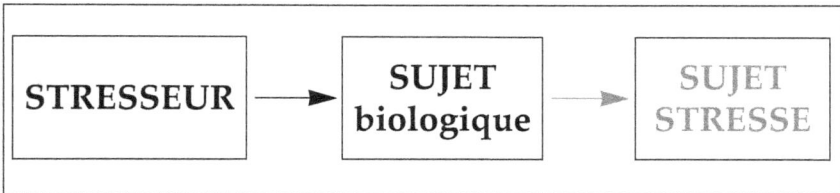

| STRESSEUR | → | SUJET biologique | → | SUJET STRESSE |

La réaction de stress se caractérise comme une tentative (réussie ou échouée) d'adaptation aux exigences de l'environnement.
Les hormones sont à la base de cette réaction.

L'échec de cette tentative d'adaptation, ou la pérennisation de la situation de stress débouche sur les « maladies de stress » ou « malades de l'adaptation » : ulcères gastriques, asthme, maladies nerveuses, etc. Mais pour autant, on ne peut affirmer que seul le stress en soit responsable, ou qu'au contraire, il y soit totalement étranger.

Définition
Le stress serait donc une réponse *univoque* que donne tout organisme aux demandes de son environnement, et ne dépendant pas de la nature de cet environnement ou de cette demande, mais de son intensité, de sa répétitivité, ou de sa soudaineté.

En clair, tout organisme qui subit une demande de forte intensité, ou répétitive, ou brutale va y répondre (et c'est cette réponse qui est le stress), soit en s'adaptant, soit en tombant malade…

On pressent déjà les limites de cette définition, en ce qu'elle n'aborde pas :
- les aspects émotionnels et psychologiques d'une part,
- ni le contexte (le moment ou le lieu),
- ni même l'évolution dans le temps.

En revanche, elle a le mérite de poser clairement les bases physiques et biologiques du stress, que nous conserverons pour la suite de cet exposé.

2. Nos émotions influencent-elles le stress ?

Dans un deuxième temps (1972), Hans SELYE comprenant les limites de cette première définition qui occulte les aspects émotionnels, l'étoffa en y incluant le rôle des affects, distinguant alors un bon stress ou « eustress », et un mauvais stress ou « distress ».

Deuxième modèle du stress selon H. SELYE

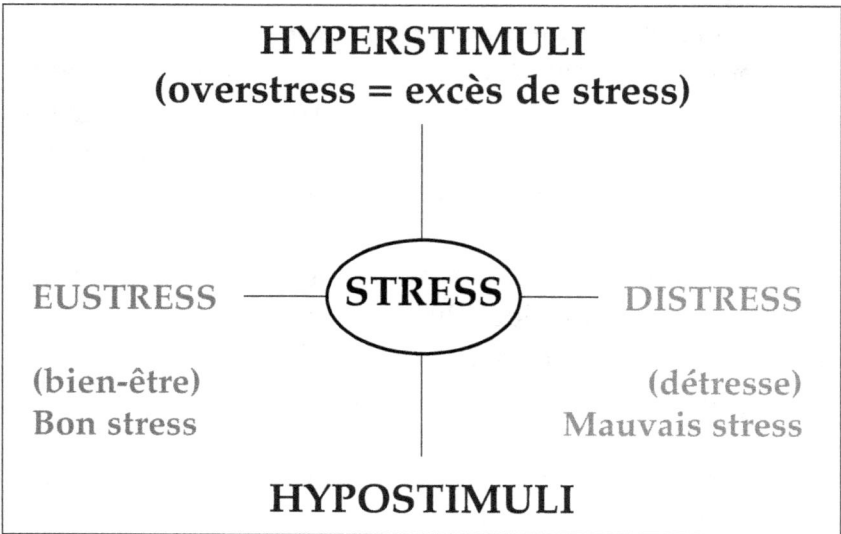

HYPERSTIMULI
(overstress = excès de stress)

EUSTRESS ——(**STRESS**)—— DISTRESS

(bien-être)   (détresse)
Bon stress   Mauvais stress

HYPOSTIMULI

Les neurobiologistes, de leur côté, mettaient en évidence l'interdépendance entre psychologie et biologie : on convint ainsi que l'émotion jouait le rôle d'un coefficient « modificateur » du stress ; les émotions « positives » (joie, amour, etc.) font du stress un acte « positif » (eustress), et inversement pour les émotions « négatives » (colère, peur, haine) qui font du stress un acte négatif (distress).

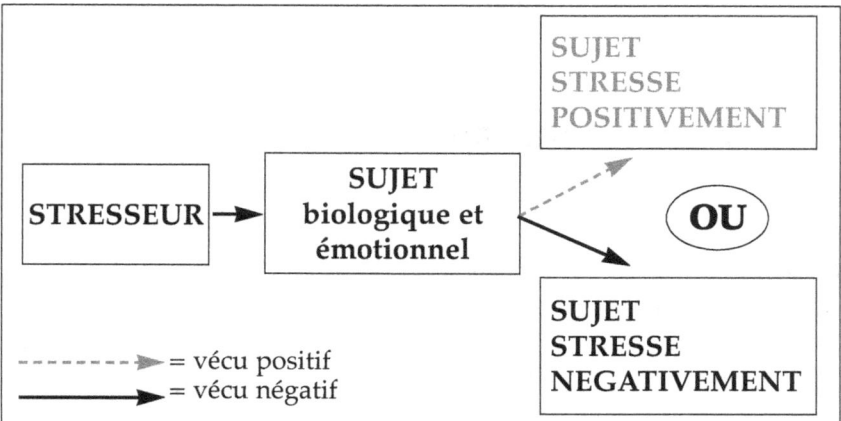

SUJET STRESSE POSITIVEMENT

STRESSEUR → SUJET biologique et émotionnel → **OU**

SUJET STRESSE NEGATIVEMENT

- - - - - ▶ = vécu positif
——▶ = vécu négatif

Le stresseur agit sur le sujet en déclenchant une réaction de stress à double composante : biologique et physique d'une part, mais surtout psycho-émotionnelle. Et c'est celle-ci qui va donner un caractère positif ou négatif à la situation, c'est-à-dire la façon dont le sujet vit cette situation.

C'est de là que dans l'esprit de beaucoup de personnes est née cette notion de « bon stress » et de « mauvais stress ». **Or le stress est intrinsèquement neutre : tout dépend de ce que vous en faites.**

EXEMPLE

Gérald, 20 ans, est étudiant en informatique depuis deux ans. Brillant élève à l'école, il n'a pas de difficultés à suivre ses études actuelles. Mais, depuis l'âge de 12 ans, la musique est sa seule passion. Il a monté un groupe de rock avec quelques copains, et passe ainsi le plus clair de ses moments libres à jouer ou répéter. Il est tellement passionné qu'il ose même composer quelques chansons. Et devant l'appréciation élogieuse qu'en font ses amis, il est de plus en plus travaillé par l'idée d'abandonner ses études et de lancer dans le monde de la chanson. Ses résultats à la fac commencent à s'en ressentir : absentéisme, mauvaises notes en travaux pratiques, etc. Lui-même dort de plus en plus mal, se réveille tôt, ressasse sans cesse les mêmes hésitations. Il a maigri, ce qui inquiète beaucoup sa mère qu'il voit chaque week-end. Sa petite amie ne supporte pas bien son humeur rangeante, et ces longs moments qu'il passe, la tête ailleurs, sans mot dire. Gérald a de plus en plus de mal à aller sereinement à la fac : il a l'estomac noué, les mains moites en cours, et se dit au moins 100 fois par jour : « J'y vais ? Je quitte tout ? » sans réponse ferme à son questionnement. Il faut tenir compte de tellement de choses…

Cerveau et corps ne peuvent que se situer dans un cadre d'influences réciproques. Estimer que toute maladie découle uniquement de facteurs physiques devenait tout aussi inacceptable que de donner la primauté, voire l'exclusivité à des causes psychiques.

On admet donc que la réponse n'est pas univoque, c'est-à-dire identique quel que soit le sujet, mais qu'elle est modulée par la nature du stresseur et l'état émotionnel du sujet stressé.

Définition
Le stress devient l'ensemble des réactions physiologiques et psycho-émotionnelles d'un individu face à un agent stresseur, dont la qualité « bonne » ou « mauvaise » dépend de l'état émotionnel de cet individu et de la nature objective du stresseur.

Cette deuxième étape dans la compréhension du stress intègre aux notions purement physiques et biologiques de la première, la composante psycho-émotionnelle : selon ce que vous ressentez, la même situation stressante vous paraîtra bonne ou mauvaise.

LES IDÉES « PHARE »

1. Le stress n'est pas que « l'agresseur », mais aussi et avant tout la réponse que donnera le sujet. *Il y a deux responsables dans une situation de stress : celui qui la provoque et celui qui y fait face.*

2. Le stress n'est pas que « agression », mais « demande » au sens large et fort du mot. *Une demande en mariage, comme une promotion au travail, comme le fait de passer tous les matins de la position couchée du sommeil à celle debout du lever sont pour SELYE des vraies situations de stress.*

3. L'intensité des phénomènes liés au stress dépendra de la force et/ou de l'imprévisibilité, et/ou de la répétition avec lesquelles les choses se déroulent.

4. Les hormones sont le support biologique des réactions de stress.

5. L'émotion colore la situation de stress, et en détermine le vécu favorable ou non. *C'est pour cela que à situation identique, certains la vivent plus ou moins bien.*

EXEMPLE

Retour sur les exemples

Lucienne et son amie *confondent stress, causes de stress, conséquences du stress et anxiété : Lucienne est anxieuse, mais c'est sa fille qui est stressée. Ce qui stresse celle-ci, ce ne sont pas en fait les examinateurs a priori, mais la forte demande et l'enjeu que représentent pour elle la passation d'un tel examen. L'ulcère comme eczéma peuvent tout à fait être des conséquences d'un stress mal vécu et mal géré, mais peuvent aussi n'avoir aucun lien avec le stress.*

Gérard a peur en fait : peur de lâcher ce qu'il tient (ses études) et qui ne lui pose pas de problèmes de résultats ; s'il avait été nul encore... Peur aussi de la réaction de son entourage y compris familial : avoir un métier, un vrai... L'idée de prendre cette voie qui le passionne, à savoir la musique au détriment de ses études, crée chez lui aussi un état émotionnel fait d'excitation agréable et de crainte désagréable. Ce qu'il y a de certain, c'est que :
— lui seul peut prendre la décision,
— l'avenir seul pourra lui dire si la solution choisie sera la bonne,
— les émotions agréables sont toujours un moteur favorable à la réalisation de ses objectifs.

2

Comment définit-on aujourd'hui le stress ?

Conversation entre Jean-François et sa femme

(de l'importance des *a priori* et du contexte)

— *Chérie ! je ne trouve plus mes chaussettes !*

— *Elles sont à leur place dans la commode pourtant…*

— *Vite ! je suis en retard ! Ce rendez-vous est hyper important pour moi !*

— *Enfin ! c'est juste un entretien informel… d'accord avec ton patron ! Mais tu ne risques rien !*

— *Oui mais… tu sais bien comment je suis : je stresse pour un rien ! Tu as fait mon café ?*

— *Détends-toi, allez ! Regarde-moi : demain je commence mon nouveau job, et je n'en fais pas toute une maladie ! Et puis ton rendez-vous est à 11 heures et il est 7 heures.*

— *Oui mais TOI, TOI! Bon, mon café, vite! Ah là là là! J'en étais sûr : la tartine ne pouvait que tomber du mauvais côté! Tu m'en fais une autre s'il te plaît?*

— *Même quand tu n'es pas stressé, tu cherches autant la poisse : il suffit qu'on organise un week-end pour que tu dises qu'à tous les coups il va pleuvoir!*

— *Là c'est pas pareil : mon patron va sûrement me jauger et à la prochaine charrette, quand il y en aura une, je suis bon pour aller dans ce nouveau service!*

— *Et alors? Tu sais bien que ce projet est d'abord très vague et que tes notes sont excellentes par ailleurs!*

— *Oui mais là ça ne serait pas le moment : notre aîné rentre en fac, on a d'autres soucis à gérer...*

— *Ce que t'es fatiguant à tout mélanger! La fac, c'est d'abord lui que ça regarde, et ensuite, si tu devais aller dans ce nouveau service, tu aurais une chance d'évoluer par la suite...*

— *Ouh là là là! Évoluer? mais pour quoi faire? trop risqué pour moi!*

Ce que je viens d'exposer dans le premier chapitre est à peu près bien perçu de tous, mais a sensiblement évolué avec les découvertes récentes en neuro-endocrinologie et en psychologie de la santé.

D'abord, les théories précédentes ont une limite : elles semblent indiquer que tel événement stressant a obligatoirement telle intensité et telles conséquences. On dit qu'elles ont un caractère non spécifique : à tel stresseur, tel stress quelle qu'en soit la « victime »!

Or, il n'en est rien. L'observation plus fine montre à l'évidence qu'un même stresseur peut entraîner des réponses différentes chez deux sujets différents, voire chez le même sujet à des époques différentes de sa vie, pour un état émotionnel similaire au départ.

Il existe donc d'autres facteurs que le stresseur d'une part et les réactions émotionnelles du sujet d'autre part, qui interviennent dans la réaction de stress, sa nature, son déroulement et ses éventuelles conséquences.

Ainsi, la volonté aujourd'hui est d'aborder le stress d'une façon plus complexe encore, mais plus proche de la réalité et de la vérité, en tenant si possible compte de tous les facteurs.

Il est donc important de faire l'effort d'intégrer les notions qui vont suivre, si on veut éviter les confusions de sens, donc de compréhension et les erreurs dans le choix des stratégies de gestion du stress. Parce que le stress, son intensité et son issue dépendent :
— du stresseur,
— du sujet stressé,
— de l'environnement,
— et de leurs relations.
Il est hors de question d'espérer une solution à un problème si ces quatre facettes ne sont pas analysées.

Cette analyse nécessite un préambule pour sa compréhension. Un système est un ensemble d'éléments regroupés dans une structure, et ayant des relations entre eux et avec d'autres systèmes et leur environnement, relations qui les caractérisent. Ainsi, tout système est constitué de sous-systèmes, et il est lui-même sous-système d'un système plus grand. Tout ceci évoque tout à fait les poupées russes qui s'emboîtent les unes dans les autres.
On admet que **stresseurs** et **stressés** sont des systèmes, eux-mêmes sous-systèmes du système **environnement**.
Stresseurs et stressés sont constitués de sous-systèmes (biologie, psychisme, etc.) : les définir, les comprendre impose d'en déterminer les différents composants et leurs relations entre eux.

Cette façon d'analyser la complexité des choses s'appelle l'analyse système, ou avoir une vision systémique des choses. Elle est la seule possible pour expliquer ce qui va suivre et en tirer des conséquences utiles.

Nous allons présenter l'ensemble des éléments qui constituent la réaction de stress. Puis, nous analyserons la façon dont ils interfèrent.

1. Qu'y a-t-il derriere le mot stress ?

• *Tout d'abord, les stresseurs*

Ils peuvent prendre toutes les formes possibles, et on peut les classer ainsi :
Les agents stresseurs physiques : ils sont matériels, concrets, palpables et toujours conscients. Par exemple, climatisation mal réglée, microbes et virus, traumatismes physiques, etc. Ces stresseurs peuvent être aigus (coup de bâton sur le crâne) ou chroniques (atmosphère polluée).

Les agents stresseurs psychiques : ils sont impalpables, difficilement quantifiables et parfois inconscients. Par exemple, vivre pendant des années aux côtés de quelqu'un qu'on n'aime pas. Ils peuvent aussi être aigus (annonce du décès d'un être proche) ou chroniques (harcèlement moral d'un supérieur).

• *Le sujet stressé*

Nous avons déjà vu que les composantes du stress abordées jusqu'à présent étaient d'ordre physique et biologique d'une part, et d'ordre psychoémotionnel d'autre part. Nous n'y reviendrons pas.

A celles-ci il convient d'ajouter deux autres caractéristiques que nous allons expliciter ensuite : **les variables cognitives** du sujet (faisant partie intégrante de sa composante psychologique avec les émotions), et ses **caractéristiques sociales.**

On appelle variables cognitives, ou cognitions, des pensées surgissant automatiquement à notre esprit, débouchant sur des attitudes ou des comportements plutôt stéréotypés, qui influenceront la relation entre stresseur et conséquences de ce stresseur chez l'individu. Ces cognitions sont apprises, et mises en place automatiquement chaque fois que le sujet est sollicité.

Exemples : râler, pester et tambouriner sur son volant quand on est bloqué dans des embouteillages. Ou se dire chaque fois que l'on se trouve devant une difficulté qu'on y arrivera pas.

Elles concernent à la fois l'appréciation que le sujet fait de la situation et sa réaction face à cette situation. Elles influencent l'impact du stresseur et par là même ses conséquences sur tous les plans (physique, psychique, pathologique), dans le sens d'une aggravation ou d'une atténuation.

Cette notion est fondamentale : elle complète celle de coloration du stress par les émotions. Cognitions et émotions vont rendre le stress « positif » ou « négatif » d'une part, et cognitions et émotions vont jouer les unes sur les autres pour s'influencer positivement ou négativement.

On comprend qu'un cercle vicieux, (ou au contraire vertueux) puisse ainsi s'installer démultipliant l'impact d'un stresseur. Qui n'a jamais dit : « *Finalement, ce n'était pas si terrible que ça… C'est juste que je m'étais imaginé que… Et avec cette angoisse en plus, je voyais les choses pires encore !* »

Les caractéristiques sociales du sujet sont représentées par ce qui le définit dans ses relations aux autres : sa fonction, son statut social, ses responsabilités, son grade éventuellement, mais aussi, ses prérogatives, et tous les attributs qui lui sont attachés.

• *L'environnement*

Il apporte un ensemble d'influences qui peuvent varier à l'infini :

Le contexte physique, c'est-à-dire le lieu où se passe l'événement stressant. *Par exemple tension avec son supérieur sur son poste de travail, ou dans le couloir, ou encore dans le bureau du Directeur Général...*

Le contexte temporel, c'est-à-dire le moment où cela se déroule. *Par exemple restructuration du service en pleine période de conflit conjugal personnel...*

Le contexte humain, c'est-à-dire les personnes présentes autour de vous à ce moment-là. *Par exemple, tête à tête privé, ou remarques faites en public.*

L'individu adoptera une réaction globale en situation de stress (incluant les plans physique, biologique, social et psychique) qui lui est propre, visant à modifier les facteurs de stress potentiel. D'où l'hétérogénéité de la réaction de stress d'un sujet à l'autre, et d'une période de la vie à une autre chez le même sujet.

Vision « systémique » du stress : structures des systèmes en jeu

COMPOSANTES du STRESS	Principales caractéristiques					
STRESSEUR	Physique		Psychique			
	Conscient		Conscient		Inconscient	
	aigu	chronique	aigu	chronique	aigu	chronique
LE SUJET STRESSÉ	Physiques résistance, endurance, vulnérabilité, etc.	Biologiques statut, hormonal,	Psychiques émotionnel, cognitif, conscient, inconscient,		Sociales fonction, statut, prérogatives, etc.	
Environnement	Physique lieu, etc.		Temporel moment, etc.		Humain témoin ou non	

Les relations entre stresseurs, caractéristiques du sujet stressé et environnement vont aboutir à la mise en place d'une relation complexe que l'on appelle « transaction » sur le schéma. C'est dans cette transaction que « se loge » le stress.

Vision systémique du stress :
relations simplifiées des systèmes entre eux

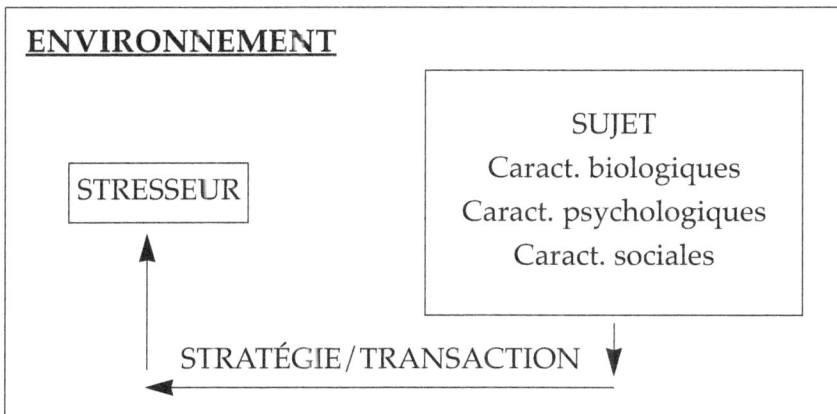

ENVIRONNEMENT

STRESSEUR

SUJET
Caract. biologiques
Caract. psychologiques
Caract. sociales

STRATÉGIE / TRANSACTION

Le sujet va, en face d'un stresseur, adopter une stratégie faite à la fois de réflexions nouvelles et d'automatismes anciens (cognitions), en proportion variable. Elle a pour objectif de résoudre le problème posé. En fonction de sa réussite, cette stratégie peut donc modifier l'impact du stresseur, dans le sens de freiner ou d'accélérer par la suite le développement de troubles, que ce soit de santé physique ou psychique, du comportement, qu'ils soient très bénins ou plus graves.

La réaction de stress selon Selye perd ainsi son caractère non spécifique, et se révèle plus complexe. Sa compréhension passe par l'étude :
— des aspects biologiques, réactions neuro-hormonales, implications physiologiques,
— des aspects psychologiques, personnalité du sujet, réactions émotionnelles et cognitives,
— des aspects sociaux et environnementaux, dont le ou les stresseurs.

Le stress n'est pas un fait, mais **une séquence** (séquence du stress) **qui se déroule** non de façon stéréotypée comme le pensait SELYE, mais **selon une transaction variable d'un individu à l'autre et qui implique un grand nombre d'éléments.**

2. Que fait-on concrètement en situation de stress ?

On donne le nom anglais de « coping » (de l'anglais to cope qui veut dire faire face) ou « stratégies d'ajustement au stress » (SAS) en français à l'ensemble des pensées et actions mises en jeu par un individu pour faire face à un stresseur. Vous remarquerez que si on fait face au stresseur, on ne fait pas face au stress, puisqu'on est en plein dedans !

• *Les 10 caractéristiques des Stratégies d'Ajustement au Stress*

1. Elles font partie intégrante de la transaction.

2. Elles incluent les comportements et attitudes que l'individu va développer au cours de cette transaction.

3. Elles sont complexes, mais majoritairement spontanées, et souvent malheureusement similaires d'un problème à l'autre : qui n'a jamais entendu cette phrase : « J'en quitte un pour reprendre le même ! ».

4. Elles sont en partie « automatisées » : le sujet, souvent, se voit faire ce qu'il fait, et dit : « Je n'y peux rien, c'est comme ça, c'est dans ma nature ».

5. Elles se déroulent rapidement, du moins dans ses premières phases, le sujet n'ayant même pas le plus souvent conscience des différentes étapes qui la composent.

6. Elles nécessitent bien sûr la présence d'un problème, mais celui-ci peut très bien être réel ou… vécu comme tel !

7. Elles prennent des formes très variées, depuis le silence ou une attitude inerte jusqu'aux réponses exubérantes.

8. Elles influencent profondément la situation de stress, dans le sens d'en faciliter la résolution ou au contraire de l'aggraver.

9. Elles sont susceptibles, avec un certain travail, de changer pour plus de réussite, à condition de s'en donner les moyens.

10. Enfin, et c'est le plus important, si elles contrôlent l'événement efficacement, le risque d'apparition de perturbations chez le sujet sera faible ou nul.

• Les stratégies d'ajustement au stress se déroulent en trois phases

Tout d'abord, la phase d'évaluation.
Le sujet fait une appréciation de la situation stressante. Il s'agit donc de perception du stress. Pour résumer, il a le choix entre : s'agit-il d'une menace ou d'un défi ?

En d'autres termes, à stresseur identique, l'impact sera différent selon que vous le verrez comme une chance pour vous ou comme une malchance.

Les conséquences seront doubles :
1. Faciliter ou rendre plus complexe la gestion du stress.
2. Favoriser ou non l'apparition de troubles par la suite.
Toutes les études sont d'accord à ce sujet : l'individu qui considère généralement les événements de sa vie comme autant de défis à relever, gère mieux le stress, et en souffre moins.

EXEMPLE *Sophie, 30 ans, et Jeanne, 33 ans, viennent d'apprendre que leur service va fermer, et qu'elles vont être « redéployées » vers un service commercial. Cela faisait respectivement huit et dix ans qu'elles travaillaient ensemble à la comptabilité de cette grande entreprise publique.*
— C'est super Jeanne ! Enfin ! du mouvement !
— Tu rigoles ou quoi ? On nous balance comme de vieilles chaussettes, après tout ce qu'on a fait pour le service !
— Oui, mais toi qui voulait que ça bouge…
— D'accord, mais pas comme ça. Et puis, est-ce que tu sais où on ira travailler ? Ce n'est même pas sûr que l'on reste ici, à Paris…
— Mais c'est peut-être le départ justement vers une nouvelle vie ?

— *Parle pour toi : t'es pas mariée, sans enfants, c'est plus facile.*
— *Je reconnais… Mais, de toutes les façons, a-t-on vraiment le choix ?*

Remarque : cette perception peut ne pas être figée dans le temps : on peut transformer en challenge ce qui était au départ une véritable menace, et vice versa. Certains acteurs sociaux considèrent chaque changement comme une menace, d'autres le vivent systématiquement comme un défi à relever, d'autres évolueront au cours de leur vie d'une catégorie vers l'autre, enfin d'autres adoptent régulièrement des attitudes variables.

• Phase suivante : phase d'estimation des ressources.
Une fois établie la qualité majeure du stresseur, l'individu va procéder à une estimation de ses ressources pour y faire face. Il va pouvoir ainsi :
1. Faire un état des lieux de ses moyens.
2. Moduler éventuellement sa première approche du stresseur.
3. Déterminer la meilleure conduite à tenir.
Il s'agit de l'estimation qu'il fait sur ses capacités de contrôle de la situation. Elle est fortement reliée à l'émotion : une émotion négative pouvant dramatiser l'estimation ou au contraire la dédramatiser si elle est positive.

Ces ressources sont de deux ordres :
a — Sur le plan personnel, il s'agit de l'idée spontanée que nous avons ou non nos chances de contrôler la situation. Il existe des personnes qui naturellement pensent qu'elles ne peuvent pas grand chose dans la vie : tout dépend soit des politiques, soit des astres, soit d'une divinité, etc. A l'inverse, certains estiment que le cours de leur vie est identique à celui d'un canoë sur l'eau : pour ne pas être emporté par le courant,

il faut pagayer plus vite que lui. Ils pensent tout aussi naturellement qu'ils ont plus ou moins la maîtrise du cours de leur vie. Certains fonctionnent comme cela en toutes circonstances, d'autres à l'occasion selon les événements.

Les sujets qui pensent contrôler leur vie ont une meilleure gestion du stress et moins de conséquences négatives en termes de santé.

Remarque : il existe des cas de figure où manifestement le stresseur est hors de contrôle de l'individu : continuer à croire le contraire serait une erreur préjudiciable pour lui-même.

b — Sur le plan social, les ressources représentent une dimension qui s'est révélée être un modérateur efficace dans le déroulement de la séquence du stress. Il s'agit de l'ensemble des éléments qu'un sujet pourra puiser dans son environnement humain et qui auront un rôle de soutien, d'accompagnement et facilitateur dans la recherche de solutions. On retrouve les trois composantes suivantes :
1. celles qui relèvent du soutien affectif,
2. celles qui relèvent du soutien matériel,
3. et celles qui relèvent du soutien informationnel, c'est-à-dire des connaissances que l'on retire de l'expérience des autres.

D'où peut venir ce soutien social ?
On peut imaginer l'individu comme un point entouré de cercles concentriques relationnels dont le degré d'intimité va décroissant vers la périphérie. Au plus près se trouve la famille, puis les amis, puis les collègues de travail, avec des interconnexions possibles.

Cet entourage peut représenter un soutien individuel (conjoint, ami intime, etc.), ou un soutien « de groupe » (clubs, et associations), ou il peut s'agir de structures spécialement orientées pour donner ce soutien (« SOS Femmes Battues », « Alcooliques anonymes », etc.).

L'utilisation correcte du support de son entourage est un facteur de bonne gestion du stress.

Remarque : d'autres recherches ont montré que le soutien social est d'autant plus efficace que l'individu possède le sentiment de contrôle des événements de sa vie. Il utilise alors plus activement son soutien social face à l'agent stressant, contrairement aux autres.

Cette croyance dans la capacité ou non à contrôler le cours des événements n'est pas toujours rationnelle : s'en remettre aux astres ou aux jeux de hasard relève de stratégies dites irrationnelles et typiquement humaines, mais bien aléatoires par définition.

EXEMPLE

Sophie et Jeanne (suite)
— *Alors Jeanne, as-tu réfléchi à ce qui nous attend ?*
— *Pardi ! Moi, j'ai jamais eu de chance : je dois avoir une mauvaise étoile, parce que c'est toujours quand ça commence à aller bien pour moi que boum ! il faut tout redémarrer.*
— *Ah bon ? Moi, je ne crois pas à la chance ni aux anges gardiens : tu le sais, je ne joue jamais au Loto.*
— *Et puis ce n'est pas tout Sophie : j'ai toute ma famille ici, ma mère qui a besoin de moi, entre autres… Comment ferais-je si je dois m'éloigner d'eux ?*
— *Je comprends. Mais mes amis me disent que c'est une chance pour moi d'évoluer, et ils m'encouragent dans ce sens. C'est vrai que mes parents appréhendent mon éloignement, mais, qu'est-ce que tu veux, c'est la vie non ?*
— *Moi je ne pourrais pas, et ma famille ne m'y encourage pas !*

Dernière phase : la conduite d'ajustement. Les conséquences de cette évaluation/estimation, notamment sur le plan émotionnel, seront modulées ensuite par la conduite d'ajustement (ou coping) proprement dite, visant à l'adaptation du sujet face à la demande reçue.

Cette conduite d'ajustement, par un effet en boucle, influencera par là même la perception du stresseur, nos capacités de contrôle, et ce en fonction des résultats obtenus. Si nous échouons, le stresseur n'en paraîtra que plus impressionnant, et inversement.

Le sujet tentera alors de s'ajuster au stresseur et à ses conséquences.

Pour ce faire, il utilisera à la fois des stratégies, c'est-à-dire un ensemble d'activités et de pensées visant à faire face aussi bien au stresseur qu'à la tension émotionnelle engendrée par la situation.

Ces stratégies seront orientées, focalisées :
— soit vers le stresseur,
— soit sur les émotions ressenties,
— soit sur la recherche d'informations.

Une telle spécialisation des stratégies est plutôt rare. La réalité montre que les trois stratégies sont utilisées le plus souvent conjointement, avec prédominance de l'une. On dit alors que ces conduites d'ajustement sont centrées sur l'action, ou sur l'émotion, ou sur l'information.

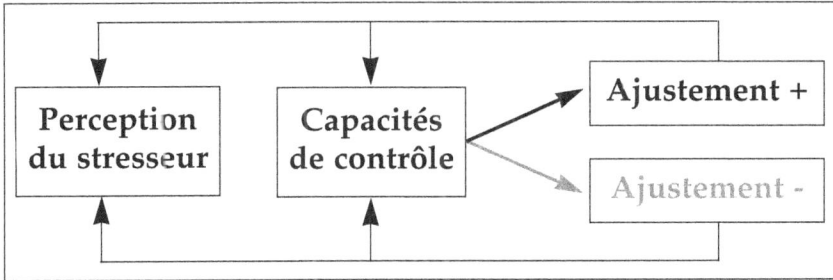

En conclusion

Si on peut ainsi décrire sur le papier une séquence chrono-logique du stress, dans la réalité il devient évident que les différentes phases sont intimement liées et peuvent se dérouler simultanément, chacune influençant la précé-dente et conditionnant la suivante, avec un effet en boucle.

Structure : les composantes des SAS
dans le modèle systématique du stress

1. ÉVALUATION	Menace ou défi ?		
2 ESTIMATION	Ressources personnelles Croyances	Ressources sociales Soutien affectif, matériel et informatif	
3. CONDUITE D'AJUSTEMENT	Action	Émotion	Information

Relations : les trois phases des SAS
dans le modèle systémique du stress

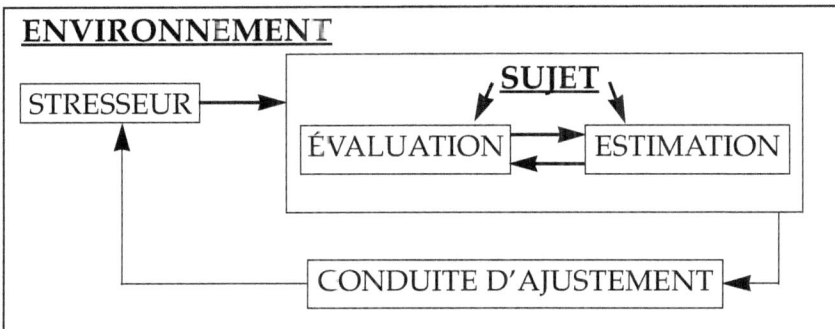

Mais il est important déjà de bien comprendre qu'il ne s'agit pas que de réactions psychologiques. Celles-ci sont aussi associées aux variations biologiques (neuro-hormonales et immunitaires) de l'individu. C'est cet ensemble complexe, où interviennent la psyché (esprit) et le soma (corps) du sujet, dans un contexte relationnel et environnemental variable, qui détermine l'ensemble de la séquence du stress.

Le stress est une transaction particulière, mettant en jeu les composantes physiques, biologiques, psychiques et sociales du sujet, en vue de faire face à une demande génératrice aussi d'une tension émotionnelle, et dont la finalité sera l'adaptation, réussie ou non, de ce sujet.

A ce stade de la définition du stress, trois composantes sont intégrées :
— physico-biologique (hormones, et signes ou symptômes physiques),
— psycho-émotionnelle (plaisir ou déplaisir),
— environnement (contextes multiples).
Il ne reste plus qu'à intégrer le tout dans le temps et l'histoire de l'individu, ce qui fera l'objet du prochain paragraphe.

3. Le stress évolue-t-il avec le temps ?

Ainsi aux facteurs biologiques, psychoémotionnels et sociaux déjà vus, il faut rajouter l'histoire de la vie du sujet, qui est antérieure aux facteurs actualisés au moment où il subit un stresseur donné.

Prenons un individu que nous appellerons Monsieur X et auquel il est demandé une action inhabituelle mais à sa portée et qu'il accepte.

Celle-ci va générer une réaction de stress selon les processus précédemment décrits. Ce qui lui permettra de s'adapter. De ce fait il pourra réaliser ce qui lui est demandé et ainsi, une fois cette action effectuée, de revenir non pas à la « case départ », mais à un niveau différent parce que chaque réalisation nous fait avancer sur le chemin que nous construisons.

Modèle du stress « en spirale » : la première boucle

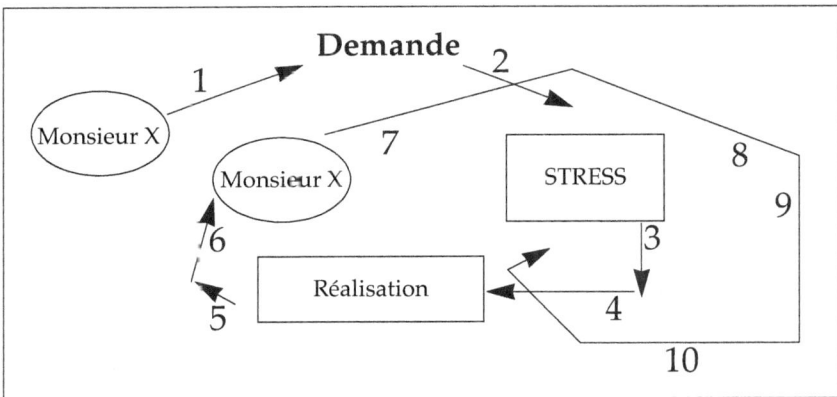

On peut imaginer que chacun avance ainsi de demande en demande, réalisant une spirale et non une boucle.

Il ne faut pas songer que cette séquence se déroule « confortablement ». Il existe une certaine production variable de symptômes, faits de troubles mineurs comme des douleurs (appelées par les médecins algies), ou des perturbations du sommeil, des fonctions digestives, sexuelles (flèches ➤). Ces symptômes s'observent dès le début de l'événement, et s'estompent rapidement dès que l'objectif est atteint. Mais si la demande devait être trop forte pour lui, ou répétitive, ou que sa capacité de gestion du stress soit insuffisante, alors il y aurait accumulation de ce que nous appellerons une « énergie » non utilisée pour la réalisation, et amplification de l'ensemble des symptômes bénins décrit plus haut. Il faudra bien que cette « énergie » sorte d'une manière ou d'une autre. Il existe alors trois autres voies possibles, si l'adaptation n'a pas été possible donc :

1. **soit la fuite,** ce terme étant pris au sens de celui que lui donne H. LABORIT dans « Éloge de la fuite », et sans connotation péjorative. Le sujet laisse cette situation qu'il ne peut maîtriser et passe à autre chose, au même titre que dans le monde animal, le mâle dominé abandonne la lutte (le plus souvent d'ailleurs avant même que le sang ne soit versé).

2. **soit la suppression du stresseur**

3. **soit la persistance dans l'action,** comme un véhicule qui aurait les roues motrices embourbées et dont le conducteur s'acharnerait à jouer sur l'embrayage et la puissance du moteur pour rien. Il est vrai que notre éducation nous pousse plutôt à considérer la fuite et la démission comme une lâcheté. Mais l'adaptation ne se faisant pas, une « soupape » se mettra en place, permettant l'évacuation de cette énergie accumulée. Cette soupape, que nous appelons « dérive pathologique », peut prendre, quatre formes possibles pouvant quelque fois s'intriquer entre elles :
    une affection fonctionnelle ou mieux psycho fonctionnelle
    une maladie psychosomatique
    une maladie de la sphère psychique
    des dysfonctionnements socio-professionnels
Vous trouverez tout ceci plus détaillé dans le chapitre 2 de la troisième partie.

En conclusion, dans le premier cas de figure, l'individu adapté s'inscrit dans une **dynamique d'acquisitions** qui évolue vers toujours plus d'enrichissement, et qui fait qu'il n'est jamais tout à fait le même à la sortie de chacune des expériences de la vie.

Dans les autres cas, le schéma suivant montre que l'échec de l'adaptation entraîne une répétition en boucle fermée et non en spirale ascendante, avec emballement des réponses neuro-hormonales et « dérive pathologique ». Cette répétition en boucle illustre aussi la « compulsion de répétition », c'est-à-dire le renouvellement de situations négatives, qui paraissent ne pas dépendre de la volonté du sujet, et qui lui font dire : « *J'ai pas de chance : c'est toujours sur moi que ça tombe !* ».

*Modèle du stress « en spirale » : boucles successives
et conséquences délétères si échec*

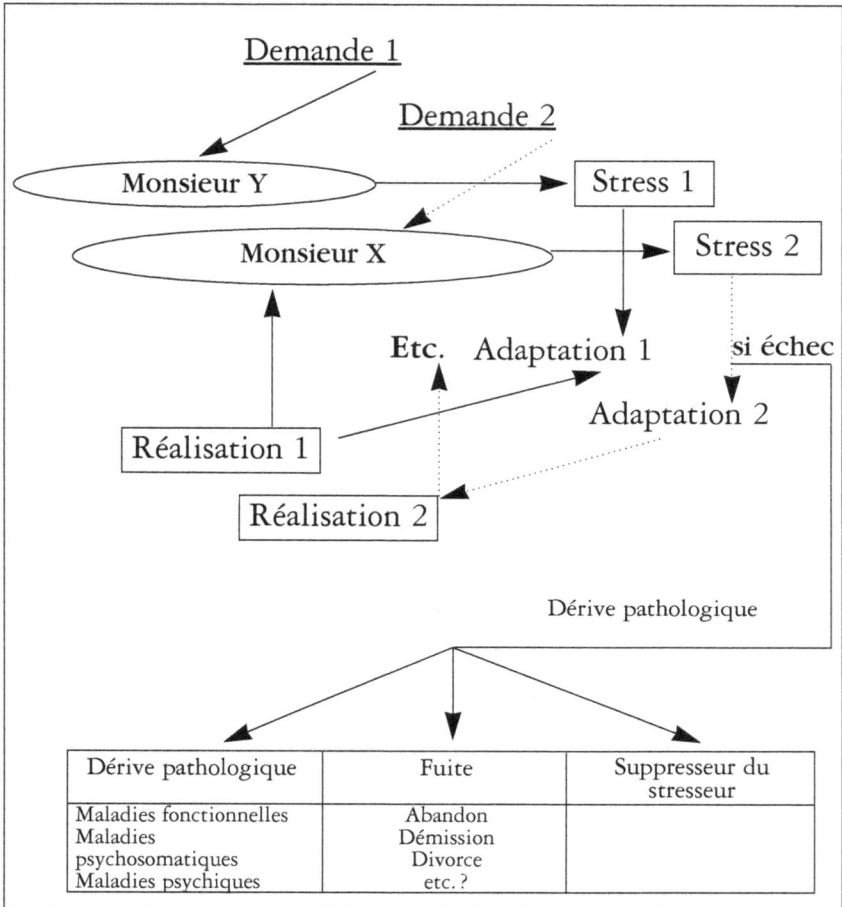

Demande 1

Demande 2

Monsieur Y → Stress 1

Monsieur X → Stress 2

Etc. Adaptation 1 — si échec

Réalisation 1

Adaptation 2

Réalisation 2

Dérive pathologique

Dérive pathologique	Fuite	Suppresseur du stresseur
Maladies fonctionnelles Maladies psychosomatiques Maladies psychiques	Abandon Démission Divorce etc. ?	

L'évolution de cette boucle fermée se fera :

— soit finalement vers l'adaptation aux circonstances,
et un retour à la gestion efficace du stress. C'est une
évolution d'adaptation, vers des acquisitions.

— soit vers sa pérennisation.

Cette pérennisation évoluera de toutes les façons à plus ou moins brève échéance :

- soit vers une situation bloquée où les symptomes seront identiques et il n'y aura plus de progrès possible, donc blocage,

- soit vers une dynamique régressive. On assistera alors, non seulement à l'absence de progrès, mais à la perte des acquis antérieurs, donc à une régression.

Les quatre voies possibles d'évolution du sujet soumis au stress

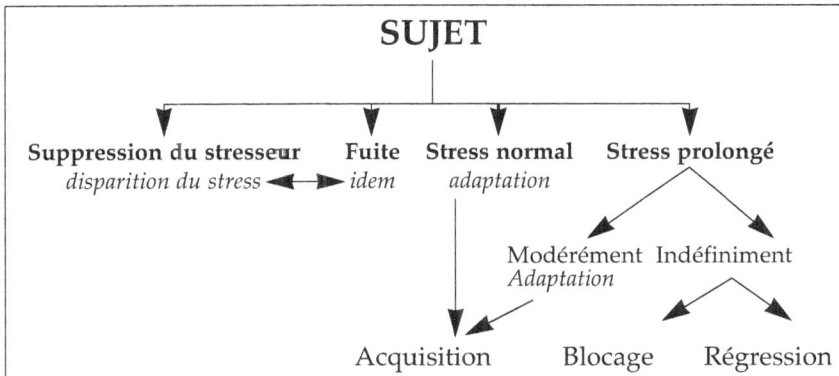

À terme, selon la pertinence de la voie choisie, il s'enrichira, ou stagnera, ou déclinera.

Proposition de <u>définition</u> du stress qui intègre toutes les dimensions évoquées : physiques, psychiques, et environnementales (temps, espace et contextes)

Le stress est la mise sous tension d'une transaction particulière entre l'individu et son environnement, déclenchée par une rupture d'équilibre, à un moment de son histoire.
Cette transaction utilise des voies physiques, biologiques, psychologiques et sociales spécifiques et non spécifiques, dans le but soit de revenir à l'équilibre antérieur, soit de trouver un nouvel équilibre.

Tous les paramètres de cette transaction sont à la fois opérants dans la relation, et conditionnés par toutes les relations préexistantes.

Remarque : les choses sont-elles alors courues d'avance, et le sujet un « jouet » de ce qui lui arrive et de ce qui lui est arrivé ?
La réponse est sans ambiguïté non :
- Si je ne suis jamais que là où je dois être,
- j'en suis toujours au moins partiellement responsable,
- mais, ce n'est pas pour cela que je ne peux rien y changer.

Ainsi peut-on mieux comprendre ce qui fait que nous pouvons vivre des situations apparemment ressemblantes, comme on dit de l'Histoire qu'elle bégaie.
Dans certains cas, cela s'appelle la compulsion de répétition. Elle n'est pas inéluctable, même si nous sommes conditionnés pour la vivre et la revivre ; parce que nous pouvons toujours opérer des changements volontaires et conscients pour en sortir.

LES IDÉES « PHARE »

Si le changement est perçu comme
une possibilité de challenge pour un équilibre
de meilleure qualité, le stress généré sera productif
et plus facilement gérable.

Si le changement est perçu comme
une menace avec risque (ou certitude)
d'un équilibre moins favorable, la gestion du stress
sera plus difficile et les conséquences peuvent en être
néfastes tant pour le sujet lui-même que pour
tout son système relationnel.

Croire dans le contrôle personnel
des événements de sa vie autorise
une maîtrise des situations stressantes
de meilleure qualité que l'inverse.

Le soutien social bien utilisé réduit l'impact
psychologique des événements stressants.

Dans toute situation de stress, il existe
quatre évolutions possibles : s'adapter plus
ou moins vite, fuir, supprimer le stresseur,
ou... tomber malade.

Retour sur les exemples

EXEMPLE

Jean-François est stressé : il est face à une situation de demande somme toute banale, mais qu'il vit intensément. De plus, il en a une vision menaçante (ÉVALUATION), et estime qu'il ne peut pas y faire grand chose (ESTIMATION), ni là-dessus, ni sur les événements simples de sa vie, d'ailleurs. SOCIALE-MENT, il donne l'impression d'être un peu « assisté » chez lui et se considère totalement subordonné à son patron. Aborder son problème devant sa femme, en plus de ceux de son fils (CONTEXTE) lui complique encore plus la vie.
Bref, vous l'avez compris, cette foule de petits détails apparemment anodins viennent « dramatiser » une situation qui paraît objectivement banale et sans grand risque... Pourtant, Jean-François souffre déjà de l'estomac de temps à autre...

Jeanne et Sophie vivent exactement le même problème, et donc le même stresseur. Mais pas le même stress : parce que la réponse de chacune est différente.
Première phase : ESTIMATION
Sophie voit ce redéploiement comme un challenge, alors que Jeanne en fait une menace.
Deuxième phase : ÉVALUATION
Jeanne pense que sa vie est guidée (RESSOURCES PERSON-NELLES) par des forces extérieures à elle (chance, etc.) contrai-rement à Sophie. De plus, l'entourage de Sophie (RESSOURCES SOCIALES) l'encourage, à l'encontre de ce que fait celui de Jeanne.
Troisième phase : AJUSTEMENT
En fait, ce sont les attitudes et comportements que vont mettre en route ces deux collègues de travail pour faire face à la situa-tion qui vont déterminer leur réussite dans l'adaptation à la nouvelle conjoncture. En fait, il n'y aura pas de déplacement

géographique, mais création d'une nouvelle unité opération-
nelle dans la même ville, où Jeanne et Sophie seront intégrées.
Sophie, qui a toujours eu des facilités pour communiquer, va se
lancer à fond dans son nouveau job et deviendra rapidement
chef d'équipe.
Jeanne passera par des phases difficiles, avec une souffrance
physique et morale sans gravité, mais pénible pour elle qui doit
déjà assumer la souffrance de sa mère notamment. Elle finira
par accepter ses nouvelles fonctions en y trouvant malgré tout
un équilibre au bout de plusieurs mois seulement, avec un sou-
tien médical.

TESTEZ-VOUS !

QUESTIONNAIRE DE HOLMES ET RAHE
ou Échelle des événements de la vie

Une illustration applicative de ce que je vous exposé nous est fournie par l'échelle de HOLMES et RAHE. Appelé aussi "Life events scale" ou Échelle des événements de la vie, ce questionnaire prétend situer le niveau de stress d'un individu à partir d'une cotation **préétablie** des principaux événements susceptibles d'arriver dans une vie humaine. Plus le score est élevé, plus le niveau de stress est élevé.

Je l'ai légèrement modifiée pour que vous puissiez donner votre propre appréciation notée de chaque événement. Par exemple, pour certains les fêtes de Noël (et de fin d'année donc) sont bien plus stressantes que ce qui est proposé ici. **Le but de ce test modifié est de bien montrer que l'intensité du stress (et de ses conséquences) est fonction de ce que VOUS ESTIMEZ, et non de règles pré-établies.**

• *Première étape*

Cochez UNIQUEMENT les cases correspondantes à des événements que vous avez RÉELLEMENT VÉCU et que vous considérez comme STRESSANTS.

• *Deuxième étape*

Attribuez vous-même une note, comprise entre 10 et 100, à chacun des événements cochés. Plus l'événement est stressant, plus la note se rapprochera de 100. Et inversement. Elle ne sera donc pas forcément égale à celle proposée par le questionnaire, et c'est normal.

• *Troisième étape*

Additionnez vos notes PUIS celles proposées par le questionnaire.

Comparez vos résultats. Votre note personnelle finale a plus de valeur pour vous que celle pré-établie du questionnaire.

Correction

1. Plus votre note est élevée, plus vous êtes stressé, et inversement. On peut considérer qu'à partir de 50, vous vivez dans le stress.
2. Refaites cet exercice dans trois mois, sans regarder vos notes d'aujourd'hui, et vous pourrez vérifier si vous êtes sur une courbe ascendante ou descendante de stress.
3. Vous pouvez comparez ces résultats avec ceux d'une autre personne qui aurait CONNU LES MÊMES CHOSES que vous, pour apprécier les différences de vécu et donc de répercussion sur la vie de chacun.

	Cocher	Valeur du test	Votre valeur
1. Décès du conjoint		100	
2. Divorce		73	
3. Séparation du conjoint		65	
4. Emprisonnement		63	
5. Décès d'un proche		63	
6. Blessure ou maladie		53	
7. Mariage		50	
8. Renvoi du travail		47	
9. Réconciliation avec le conjoint		45	
10. Retraite		45	
11. Problème de santé dans la famille		44	
12. Grossesse		40	
13. Problème sexuel		39	
14. Arrivée d'un nouveau membre dans la famille		39	
15. Réadaptation professionnelle		39	
16. Changement de situation professionnelle		38	
17. Changement du nombre de querelles avec le conjoint		35	
18. Emprunt logement important		32	
19. Impossibilité de rembourser un emprunt important		30	
20. Changement des responsabilités professionnelles		29	
21. Fils ou fille quittant la maison		29	
22. Problèmes avec les beaux-parents		29	
23. Réalisation personnelle extraordinaire		28	
24. Conjoint modifiant sa situation professionnelle		26	
25. Début ou fin de scolarité		26	
26. Changement des conditions de vie		25	
27. Révision des habitudes personnelles		24	
28. Problèmes avec son patron		23	

29. Changement des horaires ou conditions de travail	20	
30. Changement de résidence	20	
31. Changement d'école	20	
32. Changement de loisirs	19	
33. Changement dans les activités religieuses	19	
34. Changement dans les activités sociales	18	
35. Petit emprunt	17	
36. Changement dans les habitudes de sommeil	17	
37. Changement du nombre des réunions de famille	16	
38. Changement des habitudes alimentaires	15	
39. Vacances	13	
40. Fêtes de Noël	12	
41. Infraction mineure à la loi	11	
TOTAL :		

Première remarque : ce test de HOLMES et RAHE a été bâti sur des critères propres à la population nord-américaine qui ne sont donc pas toujours transposables tels quels en Europe. Notamment en ce qui concerne le stress provoqué par les déplacements et déménagements, mieux vécus en Amérique du Nord que chez nous.

Deuxième remarque : en y regardant de près, toutes les propositions de ce questionnaire renvoient à une notion commune, la perte : perte de la liberté, perte d'un travail, d'un amour, etc.

Troisième remarque : parmi toutes ces propositions, 4 sur les douze les plus « stressantes » renvoient à des événements à priori heureux : mariage, grossesse, réconciliation et mise à la retraite…

Deuxième partie

Comment le stress s'exprime-t-il dans le monde socio-professionnel ?

« Communiquer, c'est voyager, traduire, échanger,
passer au site de l'autre, assumer sa parole »
(Michel SERRES)

3

Comment s'exprime le stress au travail ?

Conversation entre Fabienne et Lucie
(de la complexité des choses)

— *J'en ai marre d'être pressée comme un citron !*

— *Et moi donc ! tu sais combien de mails j'avais à traiter hier ? 105 !*

— *Non ! Et moi, mon chef toujours sur le dos ! Et puis bosser tous les Samedi, c'est pas une vie !*

— *Fais un peu de sport : ça te défoulera…*

— *Avec deux heures de trajet pour aller bosser tous les jours, où veux-tu que je trouve le temps de faire du sport ?*

— *C'est vrai…*

— *Et en arrivant le soir à la maison, c'est la deuxième journée qui commence : les devoirs des enfants, le repas…*

— *Moi j'ai plus de chance : mon mari s'occupe des enfants pendant que je prépare à manger.*

— *T'en as une veine, toi !*

— *Ouais… enfin… Et ton chef alors ? Toujours pareil ?*

— *Oh oui ! En plus, tu sais ce qu'il nous a dit hier ? Qu'il fallait faire à la fois qualité et quantité !*

— *C'est pas possible... ça paraît contradictoire, non ?*

— *En fait, ça veut dire : travailler vite et bien !*

— *Où tu as vu ça toi ? C'est contre nature !*

— *Mais bien sûr. Et toi, comment ça va avec ton collègue de travail ? Comment il s'appelle déjà... euh... Paul ?*

— *Oui, c'est ça, Paul. Eh bien, c'est pas terrible... Il ne m'adresse pas la parole sauf pour être désagréable. En plus, il fait exprès de fumer quand je suis là, d'ouvrir la fenêtre ensuite, pour aérer dit-il... Moi qui crains les courants d'air !*

— *Mais remets-le à sa place ! Enfin ! et puis il y a un règlement...*

— *Oh tout le monde ou presque fume dans le service ! alors... Et moi, j'ai pas envie d'avoir de conflit !*

— *Ca devait être mieux avant, non ?*

— *Quand il était pas là ?*

— *Non. Quand il y avait moins de pression, que c'était plus calme, moins de pollution...*

— *Sûrement : mais peut-être il y avait-il d'autres contraintes ?*

— *Peut-être. En tout cas, les choses évoluaient moins vite : on avait le temps de s'y faire plus facilement...*

— *C'est vrai... Mais les patrons avaient tous les pouvoirs, et ton avis importait peu.*

— *D'accord, mais si ça ne te plaisait pas, tu trouvais plus facilement à te recaser ailleurs...*

— *Oh ! Il y a eu d'autres crises économiques, et les moyens de déplacement n'étaient pas ceux d'aujourd'hui.*

— *Oui, mais maintenant, tout se démode en six mois !*

— *Eh oui... y'a plus de saisons !*

Cette conversation montre déjà les multiples facettes et raisons d'être stressé au travail. Nous allons essayer ici de montrer la réalité du stress dans le monde socio-professionnel. Situons d'abord le contexte, pour aborder ensuite quelques données chiffrées. Enfin, nous concluerons sur les points majeurs qui se détachent.

1. Quel est le contexte ?

Tout dans le travail peut être invoqué comme facteur stressant : la hiérarchie est nécessaire au bon fonctionnement du groupe, mais peut se révéler un formidable moyen de pression sur les individus, et il en va de même des impératifs de productivité et de rentabilité, etc. La liste serait sans fin.

Qui n'a pas dit ou entendu dire qu'il en avait marre « d'être pressé comme un citron » ?

Sans oublier que la promotion tant espérée peut engendrer son propre stress. C'est la démonstration du principe de Peter qui stipule que tout individu tend par le jeu de la montée des échelons professionnels à atteindre son niveau d'incompétence où, tel un poisson hors de l'eau, il aura le plus grand mal à respirer.

EXEMPLE *Ainsi, Bernard G., 30 ans, est mécanicien salarié d'une grande marque automobile. Toujours bien noté par ses employeurs, il décide un beau jour de monter sa propre entreprise. Fort de ses compétences techniques, il ouvre son propre garage, embauche et se lance dans l'aventure. Mais c'était sans compter sur les autres aspects de sa nouvelle profession : gestion du personnel, comptabilité, démarches commerciales, etc. Il se heurte à des* *difficultés grandissantes qu'il ne peut assumer et commence à souffrir de divers maux : troubles gastriques, problème de sommeil, mais continue à tenter de faire face. Sa vie personnelle devient de plus en plus difficile : il est peu souvent à la maison, ce qui entraîne des frustrations au niveau de sa famille. Les problèmes financiers vont rapidement survenir, et Bernard se retrouve dans une impasse.*

En fin de carrière, vient le temps de la retraite, souvent vécu, après une brève phase de « libération », comme une période de désœuvrement, d'ennui, avec sentiment de dévalorisation. La santé est moins bonne qu'avant, les rentrées d'argent moindres, et les « grandes vacances » se révèlent souvent moins idylliques que ce qui était espéré.

EXEMPLE ➤ *Joseph M. 65 ans, est à la retraite depuis six mois. Il tourne en rond, et consulte souvent son médecin pour un mal être général avec quelques troubles digestifs. Sa femme elle aussi consulte le même médecin. Elle ne comprend pas : pendant plus de 40 ans, tout allait si bien. Mais depuis que son mari est à la maison 24 heures sur 24, leur relation se détériore : il est taciturne, ne veut aller nulle part, et reste toujours « dans ses pattes » comme elle dit. Bref : il la stresse !*

Le chômage… où le choc est exactement proportionnel à l'investissement personnel qui était mis dans le travail. Cette situation entraîne un décalage social entre le chômeur et son entourage qui continue de travailler. Elle perturbe ses rythmes habituels de vie, le tout aboutissant à une remise en cause de l'identité même de l'individu ainsi exclu de son tissu socioprofessionnel habituel. En tout état de cause, elle procède à une marginalisation progressive de celui qui se retrouve dans cet état.

Georges H 52 ans, continue depuis 2 ans qu'il est au chômage, à se lever à 7 heures 30, à s'habiller comme s'il devait travailler. Non parce qu'il espère retrouver un emploi, il n'y croit plus…, mais parce qu'il pense que c'est la bonne façon de ne pas se sentir coupé du reste du monde. Il fait « tout comme » pour donner le change et pour que le regard des autres ne « l'enfonce pas un peu plus ».

En fait, trop de travail, pas assez de travail, plus de travail du tout (chômage, retraite), travail insuffisamment qualifié, travail trop qualifié sont autant de raisons de stresser et d'éprouver un décalage entre la réalité et sa vérité.

• *Les logiques du contexte : les grandes évolutions du monde du travail*

Tout ceci a toujours existé et semble simplement s'amplifier. Pourquoi parle-t-on alors autant de stress dans le monde du travail, même si le sujet reste paradoxalement tabou ?
Quand on regarde comment a évolué le contexte dans lequel vivent les entreprises depuis le début du XXe siècle, on constate qu'elles ont dû intégrer plusieurs logiques successives.

Jusqu'à la fin de la Première Guerre Mondiale, la puissance de l'entreprise reposait sur une logique unique : celle de la **production**. Il suffisait le plus souvent de savoir produire pour vendre et se développer.

Ensuite, premier degré de complexité, il s'est avéré indispensable d'y ajouter une logique **d'organisation** : après FORD et FAYOL, pionniers mondialement reconnus (et décriés depuis) de l'organisation du travail, leur ont succédé notamment les auteurs du courant des relations humaines dont l'influence s'est faite largement sentir dans l'avènement de nouvelles formes de gestion. Faire pousser du blé ou fabriquer des voitures ne suffit plus : il faut encore organiser le travail rationnellement et humainement.

La fin de la première moitié du XXᵉ siècle est venue apporter un deuxième degré de complexité et une troisième logique, celle du **système social** : éclosion de mouvements sociaux de mieux en mieux constitués et efficaces, mettant en avant des aspirations bien différentes de celles de la production. Il y a contradiction entre la logique socio-économique et celle des acteurs sociaux. Cet état de fait n'est pas prêt de changer et a même tendance à s'amplifier.

Enfin, cette fin de XXᵉ siècle et début de XXIᵉ siècle montre à travers la mondialisation et la turbulence croissante des environnements que les entreprises sont de plus en plus tributaires de leurs environnements et donc doivent faire preuve de **créativité** permanente et de souplesse. Sous la pression concurrentielle, pour être rentable et durer, il faut innover en permanence.

Logiques de production, d'organisation, du système social, d'innovation et de flexibilité s'associent nécessairement, et compliquent sérieusement le milieu ambiant.

Ou autrement dit, le passage de l'ère industrielle à l'ère postindustrielle s'accompagne d'une évolution du quantitatif vers la qualitatif. On imagine sans peine combien une telle évolution engendre un nombre croissant de conditions stressantes.

Mais depuis que le monde est monde, tout est de plus en plus complexe; ce qui n'a pas empêché l'homme de prospérer et globalement d'améliorer à la fois sa qualité de vie et la durée moyenne de sa vie.

Si le changement est une constante, il n'en reste pas moins que :

• celui-ci est loin d'être une évidence systématiquement souhaitée par tous au même moment et pour les mêmes raisons,

• et qu'il se décline selon des modalités de plus en plus rapides.

L'évolution du contexte du monde du travail en un siècle

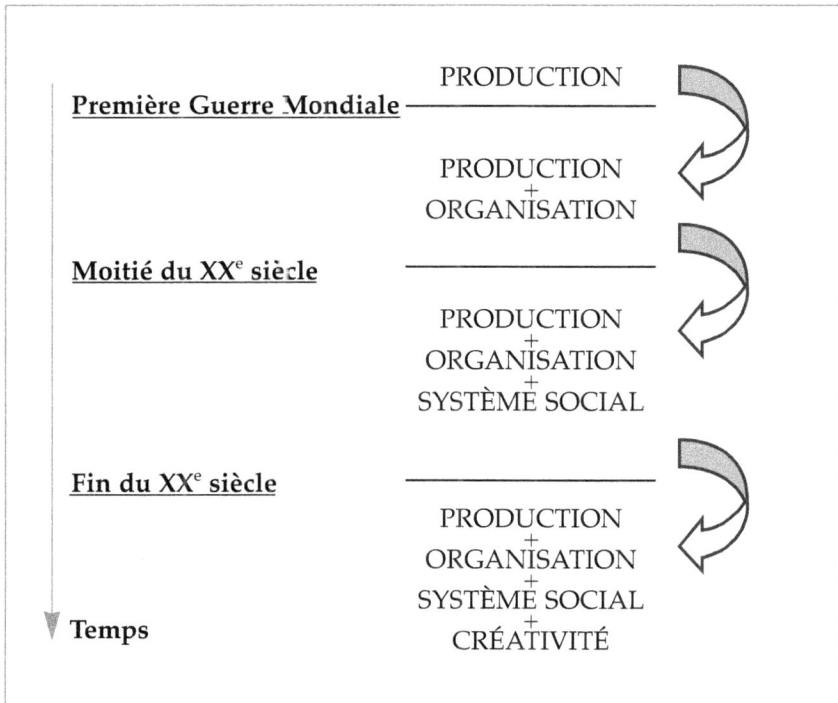

Première Guerre Mondiale —————————— PRODUCTION

PRODUCTION
+
ORGANISATION

Moitié du XXᵉ siècle ——————————

PRODUCTION
+
ORGANISATION
+
SYSTÈME SOCIAL

Fin du XXᵉ siècle ——————————

PRODUCTION
+
ORGANISATION
+
SYSTÈME SOCIAL
+
CRÉATIVITÉ

Temps

En fait, il semble plus important encore de considérer que l'idée même du changement et surtout la vitesse à laquelle il a lieu, sont des facteurs de stress majeurs, bien plus que les composantes elles-mêmes du changement.

Les nouvelles technologies de l'information et de la communication (NTIC) en sont l'illustration actuelle : elles permettent de traiter l'information en temps réel, et de ce fait n'autorisent plus le même recul avant toute décision. Tout va plus vite et impose une réactivité de plus en plus immédiate aux fluctuations de l'environnement.

Vitesse de communication et réactivité immédiate rendent cette complexité plus difficile à gérer, sont causes non de stress (il a toujours existé), mais de changements plutôt rapides et itératifs. Et ce sont ceux-ci qui, du fait de l'adaptation nécessaire, génèrent stress, excès de stress et conséquences nocives.

Traduction concrète :
— un nombre croissant de salariés (38 % en 96 contre 19 % en 87) travaillent à « zéro délai », sous tension constante. (Source : Tribune santé, N° 42)
— et les affections musculo-squelettiques ont été multipliées par sept en France depuis dix ans en raison de l'obligation d'accélérer les cadences.

Conséquence logique de la complexité croissante et de la vitesse « mondialisées », quand elles ne sont pas ou mal intégrées : le développement du **culte de la performance**. Il concerne maintenant tout le monde. Autrefois réservé à l'élite (samouraïs au Japon, chevaliers en Europe, etc.), elle devient l'affaire de tous à tous les niveaux.

La révélation des affaires de dopage qui ne touchent pas uniquement les sportifs de haut niveau mais l'ensemble du monde sportif dès « l'école » montrent à l'évidence que la nécessité d'atteindre et de se maintenir au plus haut niveau sont prégnants.

Et la toxicomanie ne concerne pas que les drogues classiques (LSD, héroïne, etc.) et des populations marginales, mais aussi des personnes parfaitement intégrées, et des substances parfaitement légales.

Plus communément, qui ne prend vitamines ou fortifiants ou tel ou tel dérivatif pour être plus efficace ou plus en forme ? Et pourquoi « en prendre » ? Parce que au minimum on est fatigué, ou au plus, parce que on veut se dépasser, dépasser ses performances habituelles.

• *La complexité*

Complexe ou compliqué ?
Est compliqué, quelque chose qui réclame du temps et du savoir-faire pour se réaliser, mais qui est faisable et défaisable à l'infini avec de la patience et les connaissances voulues. Monter une voiture est compliqué, mais une équipe technique formée pour cela peut démonter et remonter cette voiture autant de fois que nécessaire et à l'identique. Est complexe quelque chose qu'il est pratiquement impossible de refaire à l'identique malgré l'analyse la plus fine possible. Essayez par exemple de refaire le même match de football avec les mêmes équipes et les mêmes stratégies : impossible ! Parce que de multiples facteurs non analysables, en relation les uns avec les autres, interviennent et en font toute la complexité, la richesse aussi et… le suspense ! Il est très courant d'entendre dire que « *les affaires étant de plus en plus compliquées et aléatoires, cela ne peut être que stressant pour toute la lignée hiérarchique de n'importe quelle entreprise* ».

La complexité du monde du travail découle :
1. de l'addition des quatre logiques vues précédemment, et dont certaines peuvent être contradictoires,
2. de la vitesse à laquelle se déroulent les changements,
3. de l'interdépendance des différentes organisations,
4. de l'instabilité environnementale.

Les différentes organisations, celles du travail, mais aussi celles du monde politique, économique, social, écologique, culturel, etc. sont de plus en plus intriquées. Elles développent toutes des relations de plus en plus serrées, et peu de projets aujourd'hui peuvent voir le jour sans tenir compte de leurs répercussions sur leur environnement et vice versa. Il est loin le temps où l'on pouvait décider seul de lancer son idée ou de modifier une action en cours. Et les fluctuations de tel produit ne sont pas sans conséquence sur les produits voisins ou concurrents.

Ainsi la complexité du monde du travail comme des entreprises relève non tant de leur nature ou de leurs structures, mais du fait de l'intrication de multiples relations entre leurs membres, et entre ceux-ci et ceux de leur environnement.

Accepteriez-vous que votre médecin ne soigne que votre genou droit, sans tenir compte des répercussions possibles sur la hanche et la cheville du même côté et vice versa ? Accepteriez-vous que votre médecin ne se préoccupe que de votre souffrance physique sans tenir compte des répercussions sur votre moral et vice versa ?

Il ne peut exister de bon modèle universel, et l'optimum pour une organisation n'est autre que la façon de se structurer la plus adaptée à son environnement.

Ce dernier se caractérise de divers points de vue :
- plus ou moins stable ou turbulent,
- plus ou moins complexe,
- plus ou moins hostile,

et concerne aussi bien l'environnement interne que externe de l'organisation.

Une entreprise **se place** dans un double contexte : interne (on dit endogène) de ses propres acteurs, et externe (on dit exogène) des pressions de l'environnement (concurrence, etc.) Dans chaque contexte, se tissent un certain nombre de relations complexes, ainsi qu'entre ces deux contextes.

Une entreprise **fonctionne** avec deux logiques souvent contradictoires : la logique <u>économique</u>, rationnelle voire froide et implacable, et la logique <u>humaine</u>, par définition irrationnelle.

Les choix actuels et les conséquences (progrès ?) qui en découlent sur tous les plans font que la complexité suit une courbe de croissance de plus en plus rapide, et oblige autant les entreprises que ses acteurs sociaux à des adaptations caractérisées par plus de souplesse, et de rapidité.

Donc le « facteur stress » indissociable des changements n'en sera que de plus en plus fort. Il imprègne toutes les relations observables sur le lieu du travail et en dehors de celui-ci évidemment. Sa prise en compte est même le préalable à toute analyse et correction des structures et de leurs modes de fonctionnement.

2. Quels sont les facteurs de stress (stresseur) au travail ?

Voici une liste non exhaustive des différents facteurs de stress que l'on peut observer au sein de n'importe quelle organisation. On peut les diviser en facteurs de stress liés au travail et facteurs de stress liés aux personnes elles-mêmes.

• *Parmi les facteurs de stress liés au travail lui-même, on peut distinguer :*

les stresseurs objectifs, c'est-à-dire mesurables et quantifiables concrètement :
- la dangerosité du travail, le risque d'accident,
- le bruit, la pollution, la chaleur, le froid, l'humidité,
- le rythme de travail, le travail posté, etc.

Remarque : leur réduction ou leur suppression ne dépend que de la volonté et des moyens des responsables.

les stresseurs subjectifs, difficilement quantifiables :
- rôle et image professionnelle
- détermination des tâches
- conflit des rôles
- contrôle et responsabilité
- degré de participation et de décision
- relations avec les collègues de travail
- relations avec la hiérarchie
- relations avec la clientèle

Remarque : on constate *grosso modo* (en France), que le niveau de stress des individus est inversement proportionnel à leur niveau hiérarchique et à l'importance du degré de manœuvre et d'autonomie qui leur sont laissés. En clair : tout le monde peut stresser au travail quel que soit « son grade », mais le stress sera bien sûr différent et semble globalement et statistiquement moins fort chez ceux qui ont un pouvoir décisionnel que chez ceux qui ne décident de rien.

• *En ce qui concerne les facteurs de stress liés à la personne elle-même, retenons essentiellement :*

selon le sexe : les femmes sont plus stressées que les hommes. On dit que c'est à cause de leur double vie, professionnelle et domestique qu'elles ont plus d'occasions de stresser, ce qui tombe sous le sens.
selon la personnalité : implication émotionnelle élevée, caractère perfectionniste, attentes peu réalistes font chez ceux qui présentent ces traits, un caractère propice à être plus stressés que d'autres malgré des causes identiques.
selon les compétences : qualification insuffisante, surqualification.
selon l'âge.

D'une manière générale, il est un facteur de stress commun à beaucoup de situations professionnelles et à notre vie en général, c'est celui de la vitesse. Le travail de plus en plus intensif par téléphone, e-mail, fax, etc. entraîne une augmentation de ce qui est appelé les téléactivités et le télétravail. Les messages qui mettaient autrefois deux à trois jours pour aller et autant pour revenir avec la poste, laissaient certainement plus de temps de réflexion, et donc de sérénité pour agir. A l'heure actuelle, on attend une réponse immédiate et un résultat tout aussi immédiat.
Dans la vie quotidienne, l'information du Journal Télévisé ou radiophonique arrive par tranches successives, sans

temps de repos et de réflexion entre les thèmes évoqués, contrairement à ce qu'il est possible de faire avec les journaux de la presse écrite.

Les facteurs de stress

FACTEURS DE STRESS LIÉS AU TRAVAIL		FACTEURS DE STRESS LIÉS À L'INDIVIDU
Stresseurs objectifs	**Stresseurs subjectifs**	
Dangérosité Conditions physiques de travail Rythmes de travail etc.	Les relations Définition des rôles et tâches Degré de responsabilité etc.	Sexe Personnalité Compétences Âge Etc.

• *L'expression du stress au travail*

Le stress au travail se traduit dans :

un certain nombre de symptômes classiques de toute situation de changement, qui ne préjugent en rien de la réussite ou de l'échec du processus évolutif en cours ;

mais aussi dans des pathologies et dysfonctionnements, conséquences cette fois-ci soit de situations de blocage, soit d'échec de l'adaptation demandée.

Nous y reviendrons dans les chapitres 3 et 4 de la deuxième partie.

Et traduit pour l'essentiel :

l'augmentation du niveau socioculturel des individus sociaux : il impose l'abandon des anciennes relations où ils étaient considérés en « objet », au profit de relations de sujet à sujet ; ces acteurs sociaux sont animés d'un triple désir : plus d'informations, plus d'autonomie décisionnelle, et plus de marge de liberté, en même temps que de la peur du « plus de responsabilités » que cela entraînerait ;

les résistances au changement qui sont loin d'être toujours injustifiées ;

les carences de la communication dans les organisations, où l'on continue de confondre expression, information et communication, et où c'est en fait l'information qui reste le moyen le plus utilisé.

Les acteurs sociaux souhaitent le retour à une reconnaissance de la qualité du travail fourni et pas seulement celle de sa rentabilité immédiate. Ils sont aussi en demande de « sens » : quelle est l'utilité sociale du travail fourni ?

3. Chiffres et enquêtes

L'intérêt porté aux conséquences néfastes du travail a évolué avec le temps. Au début, il ne s'agissait que d'aborder les maladies et accidents professionnels directement liés à des causes objectives et mesurables.

Mais force est de constater qu'il existe un nombre croissant d'affections secondaires aux pratiques professionnelles, non reconnues comme telles en raison de la difficulté à mettre en évidence une relation de cause à effet certaine. L'inadaptation des personnes et/ou de leurs réponses comportementales aux changements imposés se traduit en troubles divers plus ou moins graves, mais aussi en termes financiers de coût pour les individus comme pour les entreprises.

• *En voici quelques données chiffrées*

Les études réalisées par le CERCLES (Collège européen de recherche pour les cadres et leaders d'entreprise) montrent qu'aux États-Unis le coût des conséquences du stress est estimé à 84 milliards de dollars, alors qu'en Europe, il représenterait 3 % de la masse salariale globale.
En termes d'absentéisme, de baisse de qualité et de productivité, et dépenses de santé, le stress coûterait en France aux entreprises 10 % du PIB (786 millions de francs).

Autres mesures :
En journées d'arrêt de travail, le stress représente : 40 millions de journées de travail perdues en Grande-Bretagne.
Selon un sondage Paris-Match 1984, les dépenses médicales liées à la pathologie du bruit s'élèveraient à 25 milliards de francs.

• *Le stress de l'encadrement*

Une autre étude réalisée par la SOFRES pour l'*Usine Nouvelle* (avril 1998) tente d'approcher les causes apparentes et profondes du stress chez les cadres en les comparant à celles retenues en 1996.

On constate dans ce sondage que pour les cadres interrogés, les causes de stress :

• qui augmentent sont :
1. la pression exercée par les moyens stratégiques mis en œuvre pour atteindre les objectifs de l'entreprise
2. l'élaboration et le suivi de la politique de l'entreprise
3. l'incertitude de l'économie nationale

• qui baissent sont :
1. la pression de la hiérarchie et son mode de management
2. l'organisation du travail
3. les grèves

• qui restent stables :
1. la surcharge de travail
2. le manque de compétences des salariés dans l'entreprise
3. la vie personnelle et familiale

L'analyse faite dans l'étude de la SOFRES montre l'inquiétude des cadres interrogés sur l'impression de flou et d'absence de contrôle réel de la situation, un peu comme s'il n'y avait plus de pilote dans l'avion, et donc un devenir incertain de l'entreprise. L'incertitude environnementale et celle liée à l'avenir sont donc les deux sentiments invoqués par les cadres pour justifier leur stress. On constate ici que le problème est (une fois de plus) abordé par ses « causes », et qu'il met en avant l'importance des émotions.

Toutefois derrière les « aveux » spontanés de cette enquête, se trouveraient les véritables causes du stress des cadres, celles qui ne sont pas explicitement dites en raison de l'aspect tabou du propos et des risques présupposés d'avoir à reconnaître ce qui est encore vécu comme ses insuffisances ou ses manques (manifestation de faiblesse, etc.).

Cette enquête SOFRES pense quand même avoir mis en évidence les vraies raisons du stress des cadres en huit thèmes :

• **celles liées à l'organisation interne et à la stratégie de l'entreprise** : les cadres estiment que la lisibilité des objectifs de l'entreprise est floue, la communication de leur direction sur ses objectifs déficiente, et sa capacité à tracer des orientations insuffisante. La situation serait identique dans le secteur privé et public.

A la logique concurrentielle actuelle qui réclame souplesse et mobilité, s'oppose en France un certain attachement à la stabilité inscrite dans notre culture du travail et qui se heurte aux demandes de changement et de mobilité.

On assiste à une véritable mutation de fond : l'entreprise n'offrant plus la stabilité et la durabilité de l'emploi et du poste de travail, se doit en contrepartie d'offrir une plus grande participation à la création et au contrôle.

• **celles liées à la personnalité et à la difficulté à préserver sa vie personnelle** : 46 % des cadres interrogés prennent sur leur temps de loisirs pour travailler. On retrouve chez eux un sens du devoir élevé, une certaine difficulté à déléguer, la volonté de contrôle des affaires et de toutes les affaires, auquel s'ajoute le perfectionnisme et l'investissement affectif dans les tâches effectuées (trivialement, c'est « mon bébé »). L'entreprise n'hésite pas d'ailleurs à utiliser cette corde affective pour mobiliser un peu plus ses troupes.

C'est bien sûr un piège qu'il faut refuser en désaffectivant la relation au travail et à son environnement.

Le cadre qui s'estime prisonnier de son travail ne peut d'ailleurs faire l'économie de ses responsabilités dans cette situation. Il lui importe d'apprendre à faire la distinction entre motivation, et volontarisme.

• **celles liées à l'organisation personnelle dans le travail :** surcharge de travail, raccourcissement des délais de réactivité, et processus de contrôle et d'auto-évaluation sont les principales sources de pression et donc de stress dans l'organisation et la gêne à la réalisation optimale celle-ci.
Nous l'avons déjà dit, le niveau de stress est inversement proportionnel à celui de liberté d'organisation du travail.

Au contact direct de la complexité de l'organisation, la participation de l'acteur social aux décisions de changements dans celle-ci est certainement un moyen de limiter ces causes de stress.

• **celles liées à la conjoncture et à l'incertitude du marché :** le chômage et sa menace génèrent peur et méfiance (à l'époque de ce sondage effectué en 1998) : peur de lâcher une « place » pour une autre, peur de ne pas assez en faire, peur de ne pas assez bien faire (renforcement des attitudes perfectionnistes), peur du collègue plus « motivé », peur de ne pas être à la hauteur de nouvelles techniques ou technologies, peur des « limites » de son âge.
Certains patrons n'hésitent d'ailleurs pas à « s'équiper de ce genre d'éperons » pour aiguillonner leurs salariés.

La peur génère méfiance et silences : c'est une spirale négative qu'il faut refuser.

- **celles liées à la compétition interne** : 49 % des cadres la considèrent comme un facteur d'émulation et de dépassement de soi, 32 % comme une source d'équilibre au sein d'une équipe, et 16 % une source d'inégalités. Cette cause semble surtout prévaloir chez les moins jeunes : les moins de 35 ans paraissent préparés à cette compétition.
Or, les prévisions actuelles parlent plutôt de plein emploi dans un avenir proche, et donc de compétition *a priori* moindre.

- **celles liées à la prise de décision** : acte quotidien du cadre, elle est souvent gênée par des questions de personnalité. 49 % des cadres voient leurs prise de décisions perturbées par leur peur de l'échec, alors que c'est le besoin de reconnaissance qui jouera ce rôle chez 27 % d'entre eux.
Ceci montre la difficulté du cadre à s'assumer seul, ce d'autant plus qu'il est jeune et inexpérimenté.

- **celles liées à la hiérarchie** : 37 % des cadres des entreprises de moins de 50 employés ressentent une anxiété forte vis-à-vis de leur hiérarchie. Les petites entreprises ne sont pas plus à l'abri de ce problème que les plus grosses. 35 % des cadres pensent que leur patron est mal organisé dans sa gestion des hommes et des situations, 16 % qu'il leur communique son propre stress.

- **celles liées aux relations humaines** : la tendance étant plutôt à la réduction du nombre des niveaux hiérarchiques, à l'augmentation des missions de travail par projet et par équipe, souvent dans des zones de plus en plus floues, ces conditions imposent aux cadres de s'adapter vite et bien, alors que les règles du jeu sont souvent mal définies. Ceci génère une anxiété qui peut se traduire par une certaine agressivité plus ou moins contenue.

On rejoint ici peur et méfiance vues plus haut, et donc la mauvaise qualité de la communication.

Il reste évident que la bonne qualité des relations inter-personnelles au sein de l'entreprise est un des meilleurs moyens d'évacuation du stress.

On note trois points communs à cet ensemble de données :

D'abord la peur : elle semble être le moteur principal de chacune de ces raisons invoquées. Elle nous renvoie à l'importance des émotions que, contrairement à ce que l'on dit, on ne laisse jamais "à la porte de l'usine". D'où l'importance de désaffectiver la relation au travail sans pour autant se déshumaniser.

Puis la perte, ou du moins le risque de perdre, que ce soit de sa place ou de son image, etc.

Ces deux constatations nous ramènent à celles faites sur l'échelle de HOLMES et RAHE vue précédemment. Par ailleurs, dans une telle approche, il est clair que la perception des cadres de leur situation relève plus de la menace que du challenge ou du défi.

Enfin le flou : les cadres sont non seulement impliqués dans une dynamique de changement (ce qui est suffisant pour stresser), mais de plus dans un changement rapide et fait d'incertitudes. Même les limites entre vie professionnelle et privée sont floues tout comme certaines de leurs décisions.

• *Les cinq facteurs principaux générateurs de stress sur les lieux de travail*

On peut les évoquer grâce aux travaux du Dr DEJOURS. Ce sont :

la précarisation du travail : travail à durée déterminée et sous-traitance associés à la menace du chômage sont des arguments spontanément stressants et souvent relayés par le management.

La notion d'employabilité n'est pas encore inscrite dans les mentalités, et la souplesse s'oppose aux acquis sociaux : la modification de l'esprit et de la forme du contrat de travail devraient se traduire par une évolution dans les termes utilisés en même temps qu'une évolution des mentalités.

l'évaluation au travail : portant sur les résultats du travail et non directement sur celui-ci, avec à la clé son cortège de sanctions (positives ou négatives), elle est une énorme source d'anxiété.

Force est de constater que souvent, le management intermédiaire se réfugie dans l'appréciation univoque de l'opérationnel, à coups de statistiques, faisant ainsi l'impasse sur le domaine bien plus difficile et imprévisible que constitue le pilotage et l'accompagnement de la ressource humaine.

la concurrence : elle se situe de plus en plus à un double niveau : interentreprises, et interindividuel dans la même entreprise.

Les luttes de territoire et de pouvoir sont inhérentes aux espèces animales et l'homme n'y échappe pas. Toutefois, l'aplatissement de la pyramide des échelons, le développement de structures en réseau et des missions de projets devraient réduire la compétition interne. En revanche, la compétition externe ne devrait pas connaître de répit selon lui. On peut quand même nuancer cette affirmation en redisant que les perspectives actuelles sont plutôt celles d'un avenir tourné vers le plein emploi, et donc une compétition moindre pour « faire sa place au soleil ».

la charge de travail : réduire les coûts entraîne inévitablement de réduire les effectifs et par conséquent un plus gros volume de tâches pour ceux qui restent. On assiste alors quelquefois à des situations caricaturales où le salarié obligé de rester tard au travail perturbe sa vie familiale, au risque d'être jugé par sa hiérarchie comme manquant d'organisation. Autre solution appliquée : amener le travail à la maison, mais le résultat n'est pas meilleur ni forcément plus confortable.

Le développement des NTIC n'a pas encore fait la preuve de son intérêt en termes de gains de productivité. En attendant que leur plein effet se fasse sentir, la réduction des coûts passe encore malheureusement par celle des effectifs. Il faut souligner que de telles mesures sont souvent nécessitées par les conséquences d'erreurs de gestion ou d'anticipation.

la non reconnaissance du travail : du fait de la précarisation du travail, des changements de firme ou d'emplois (travail intérimaire, petits boulots), les retours d'appréciation gratifiante sur le travail sont de moins en moins fréquents. Les évaluations portant sur des ratios et des résultats et non à priori sur le travail lui-même impliquent les mêmes conséquences. Le salarié se sent de moins en moins reconnu dans son travail, a de plus en plus de mal à en défendre les valeurs, ce qui entraîne les conséquences que l'on devine sur le discours qu'il peut tenir à ce sujet devant ses enfants et son entourage. Le travail n'est plus regardé sous l'angle de son utilité sociale, mais sous celui de l'urgence de gagner de l'argent pour faire face aux dépenses induites par les sollicitations de la « société de consommation ».

• *Réalité du stress au travail en dehors de la France*

Et que font nos voisins dans le monde ? Nous allons voir ensemble quelques aspects de ce problème, relevés dans la presse internationale.

Au Japon, la baisse des salaires ou la diminution des heures supplémentaires dues à la récession poussent les salariés à chercher un second revenu pour compenser le manque à gagner. Ils seraient environ 1,8 millions de pères et d'époux (statistiques gouvernementales) à sacrifier soirées et week-ends pour ce deuxième travail. Par ailleurs, on enregistre une hausse spectaculaire du nombre des suicides motivés pour des raisons économiques : 17,6 % de plus en 98 par rapport à 97. Ce suicide par excès de travail s'appelle là-bas le karo-jizatsu.

Aux États-Unis, les experts constatent que les gens sont de plus en plus nombreux à percevoir leur lieu de travail comme centre vital de leur existence où le bureau remplace le quartier en tant que communauté d'amis et de connaissances. Certains parents considèrent même que la vie familiale est devenue un « job » et le bureau remplace alors le foyer.
L'Institut de la Famille et du Travail a réalisé une enquête (1 997) montrant que les salariés à plein temps travaillaient en moyenne 47,1 heures par semaine en moyenne en 97 contre 43 heures en 92. D'autres spécialistes contredisent ces résultats en évoquant une mauvaise appréciation par les salariés eux-mêmes de leurs heures de travail réellement effectuées.
Une autre enquête réalisée en 96 montre que 19 % des salariés ont volontairement levé le pied au travail au cours des cinq années précédentes.

La morale qui semble prévaloir est la suivante : quand certaines choses vous font envie, il faut travailler pour pouvoir vous les payer, puis travailler pour pouvoir les entretenir. D'où l'engrenage infernal. Ou pire encore : vous n'avez rien si vous ne travaillez pas, et quand vous travaillez et gagnez de l'argent, vous ne profitez de rien.

Selon un rapport du ministère américain de l'Économie et des Finances après enquête auprès de 1 000 entreprises, celles-ci réaliseraient des économies grâce aux mesures prises en faveur de la famille ! Pour Randall Tobias, P. D-G. de ELI LILLY (laboratoire pharmaceutique), le temps de congé alloué par l'entreprise aux salariés désireux de s'occuper de leurs enfants est un moyen d'attirer, de motiver et de retenir des gens qui ne seront que plus impliqués, plus concentrés, plus novateurs et plus… productifs.
Toutefois, les salariés sembleraient méfiants. Ils préféreraient encore le stress plus gratifiant du travail à celui des corvées domestiques.

Dans l'Union Européenne
Dans presque tous les pays de l'Union européenne, les femmes qui travaillent à l'extérieur semblent en meilleure santé et plus satisfaites de leur sort que les autres qui demeurent au foyer. Ce qui pose le réel problème de la dévalorisation des statuts de père et de mère. Ensuite les femmes craignent d'être reléguées à des tâches moins intéressantes à tout point de vue. Et les hommes d'être moins « travailleurs » en regard de ce qui est estimé pour une « virilité normale ».

En Allemagne, pour certains spécialistes, auto-organisation, flexibilité associées à la déréglementation, sont les seuls remèdes possibles pour une économie malade et menacée par la concurrence internationale. D'autant que, toujours selon les mêmes spécialistes, en contre partie de ces nouveaux facteurs, les salariés bénéficieraient de nouvelles libertés, d'autonomie et d'épanouissement, de projet de vie individualisé, et plus grande compatibilité entre famille et travail. Au total, selon ces auteurs, nous irions vers une vie globalement moins stressante.

À l'inverse, des chercheurs membres de l'Institut de Recherche en Sciences Sociales de Munich, prétendent que « auto-organisation » et « flexibilité » ne sont avant tout que les éléments clés d'une stratégie plus moderne de rationalisation du travail. Celle-ci n'aurait d'autre but qu'une mainmise plus achevée sur la main d'œuvre et le potentiel qu'elle représente. Les nouvelles formes d'utilisation de la main d'œuvre entraînent une disparition des frontières classiques entre « perdants » et « gagnants » tels que nous concevons ces termes dans l'organisation traditionnelle du travail. Parmi ces nouveaux perdants, on retrouve les femmes, les travailleurs les plus âgés, les étrangers et les personnes peu qualifiées, tous en situation de plus en plus précaire.

Toujours en Allemagne : l'existence d'un mouvement appelé « Les chômeurs heureux » amène le sociologue allemand Ullrich Beck à s'élever avec eux contre l'idéologie actuelle de la société du travail qui met sur le même plan travail et bonheur d'un côté, chômage et malheur de l'autre. Il ajoute que le critère clé n'est plus d'accomplir quelque chose d'utile, mais de gagner le maximum d'argent. En effet, toujours selon cet auteur si le chômage existe c'est précisément parce que le but du travail est de gagner de l'argent et non d'être utile socialement. Le vrai problème ne serait pas le manque de travail mais en fait le manque d'argent. Car même si cela n'est pas dit ouvertement, tout le monde dans cette logique, doit prétendre vouloir un emploi même absurde pour ne pas manquer d'argent. Sa conclusion : le travail qui rend heureux, celui qui procure richesse, reconnaissance et épanouissement de personnalité, est devenu bien rare. On assisterait alors à cette situation paradoxale où le salarié est obligé de feindre d'être satisfait de son travail, pour la simple raison qu'il n'est pas chômeur, alors que les chômeurs sont obligés de feindre la même insatisfaction pour des raisons inverses.

• *Conclusion*

Les mutations sociales et sociétales que nous vivons mettent en œuvre des procédés et procédures dont l'utilité, l'efficacité et le bien fondé ne sont pas reconnus de tous.

On observe par exemple que les valeurs du travail et du « contrat de travail » sont remises en cause.

L'abandon de certains termes au profit d'autres ne pourra se faire qu'avec l'adhésion de tous les acteurs sociaux à la nouvelle donne du monde du travail.

Qui acceptera aisément de remplacer stabilité et sécurité de l'emploi par employabilité, nomadisation et annualisation ?

Ces changements ont un coût en terme de stress et notamment émotionnel : l'oublier c'est prendre le risque d'en occulter les conséquences qui se font sentir y compris sur le plan économique.

On ne sait pas mesurer vraiment et chiffrer le poids du stress professionnel et de lui seul dans l'économie. La confusion est souvent faite entre causes de stress et conséquences du stress excessif, d'une part, et entre stress professionnel et stress d'origine privée.

Le fondement et la cause du stress dans tous les secteurs de la vie sont liés au changement, à quelque niveau que ce soit. Or, personne ne peut dire à l'avance et avec certitude si la stratégie adoptée à cause de ce changement va réussir...

Quand celui-ci déclenche un sentiment négatif -- la peur de perdre --, le stress dit « négatif » se traduira sous divers symptômes tant humains que structurels et économiques. Quand il génère *a contrario* un sentiment positif lié au challenge et aux progrès possibles, il se traduira par une mobilisation renforcée indispensable à... la réussite du changement.

Les situations de « stress pur » (entre causes et conséquences) sont des situations intermédiaires, dont la coloration « bonne » ou « mauvaise » dépend avant tout du VECU de celle-ci par les sujets. Elles se traduisent soit par une participation, soit par une résistance au changement, et leur coût est certainement impossible à estimer sérieusement.
Les conséquences du stress qui dépasse les capacités d'adaptation des sujets (dysfonctionnements coûteux, problèmes socio-médicaux) sont plus facilement chiffrables, mais se confondent aussi avec d'autres problèmes n'ayant rien à voir avec le stress.

LES IDÉES « PHARE »

La complexité du monde du travail s'inscrit à la fois dans son histoire et dans l'espace : *l'entreprise doit produire tout en s'organisant de façon plus sophistiquée et en tenant compte à la fois de la demande de ses acteurs sociaux et de la nécessité d'être toujours plus innovant.*

Dans une entreprise, deux logiques s'affrontent : *une logique rationnelle, celle des buts économiques et une logique irrationnelle, celle des acteurs sociaux.*

Les grandes causes de stress face au changement sont liées au changement lui-même et à la façon dont il est vécu : *la peur et le risque à courir dans le flou et l'incertitude.*

Les acteurs sociaux attendent et appréhendent à la fois plus de responsabilités *(information, décision et liberté),* **plus de reconnaissance** *(qualité du travail fourni contre rentabilité)* **et de retrouver du sens** *(but social du travail).*

Retour sur les exemples

EXEMPLE ▸ *Fabienne et Lucie ont fait en quelques lignes une énumération de presque toutes les différentes causes de stress dans leur vie professionnelle, et montré que finalement tout était lié : le travail et la vie privée, le présent et le passé, sans pour autant trouver de cause définitive. C'est normal, parce que tout est complexe, et que ce qui est vrai pour l'une ne l'est pas pour l'autre.*

Bernard G. a fini par renoncer à son rôle de patron d'entreprise qui ne lui convenait pas, pour retrouver un poste salarié qui lui a permis de retrouver son équilibre.

Joseph M. est malheureusement décédé d'un cancer, lui qui n'avait jamais été malade de toute sa vie.

Georges H. a « tenu » jusqu'à sa préretraite grâce à son stratagème, tout en se préparant à celle-ci : il préside une association à but non lucratif et se dépense sans compter pour elle.

4

Comment le stress influence-t-il les relations professionnelles ?

Conversation entendue entre Philippe et son meilleur ami Jacques :

— Moi, j'ai tout maintenant : une femme adorable, des enfants qui travaillent bien à l'école, un boulot sympa, ma maison et mon jardin et des copains pour aller à la pêche et regarder le foot ensemble.
— Tu crois que la vie se résume à ça ?
— Je ne sais pas… en tout cas, Jacques, je me sens heureux comme ça.
— Et tu n'as pas envie que ça change donc ?
— Oh non !
— Oui mais la vie… elle peut t'amener des surprises au quelles tu ne t'attends pas.

— *J'ai un moral d'acier et je suis prêt à tout affronter pour maintenir mon équilibre !*

— *Oui mais imagine un peu que, par exemple, un de tes gosses fasse une fugue ? alors, hein, le bonheur... fragile ?*

— *Eh bien, je l'enverrai chez le psychologue pour comprendre ce qui se passe, et ensuite on fera les corrections nécessaires.*

— *OK. Admettons que ça marche. Mais ton percepteur se met en tête de vouloir te faire un redressement et s'aperçoit d'une erreur dans tes trois dernières déclarations d'impôt...*

— *J'ai tous les justificatifs et je lui montrerai qu'il a tort !*

— *D'accord, d'accord. Mais supposons que ta femme ne supporte plus tes copains et qu'elle te demande de plus les voir pour préserver plus d'intimité ?*

— *Impossible ! Elle m'aime trop pour cela !*

— *Bon alors, c'est ton patron qui vous annonce que vous êtes rachetés par une grosse boîte américaine, et qu'il va y avoir un plan social, bref : tout le service recherche où tu bosses va disparaître...*

— *Impossible : on est les meilleurs !*

— *Suppose qu'il y en ait un autre meilleur que vous, et que ce plan se fasse quand même, et qu'on te propose de choisir entre passer de la recherche au contrôle ou de partir ?*

— *Je me défendrai avec les collègues ! Les syndicats nous soutiendront...*

— *Oui mais les syndicats vont se laisser tenter par un accord qui préserve d'autres secteurs de ta boîte au détriment du tien.*

— *Oh Jacques ! Tu es mon ami ou l'ami des problèmes ?*

Pour simplifier, le stress est une **réponse** complexe à une **demande** qui peut l'être tout autant. Qui dit **réponse/demande**, signifie la relation. L'approche du stress passe donc obligatoirement par celle de la relation entre les acteurs concernés. Le stress se « niche » dans les relations que nous tissons autour de nous. Comprendre le stress, c'est d'abord comprendre la qualité de ses relations, tant aux personnes et aux humains, qu'à l'environnement matériel et à… soi-même !

Nous envisagerons donc ici le stress sous l'angle de la qualité des relations et de la communication entre les personnes, lorsque que celles-ci se retrouvent impliquées dans une situation de changement.

La **demande**, c'est celle de changer, la **réponse** la façon dont on réagit à cette demande, c'est-à-dire comment on gère la relation à soi et aux autres. C'est cette façon de gérer, bonne ou mauvaise, qui déterminera le type de stress vécu et ses conséquences.

1. Comment se construisent nos relations ?

Une relation, c'est la transaction de Moi à l'Autre, ou de Moi à un objet, ou encore avec… moi-même ! Cette transaction se compose de **pensées** (l'intellect) et **d'actions** (physiques et verbales), colorées par une **charge émotionnelle** plus ou moins importante, le tout évoluant dans un **environnement.**

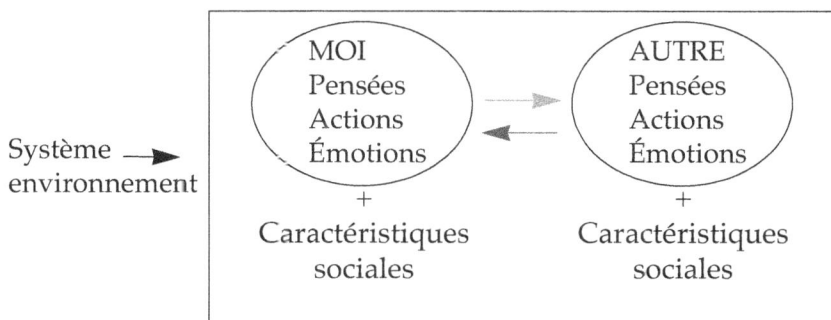

Système →
environnement

MOI
Pensées
Actions
Émotions
+
Caractéristiques
sociales

AUTRE
Pensées
Actions
Émotions
+
Caractéristiques
sociales

Cet environnement ou contexte englobe aussi la fonction sociale des intervenants, bâtie sur un mode d'équivalence ou de complémentarité, ou de hiérarchie, et reposant sur les normes sociales faisant référence pour chacun des protagonistes.

Une relation peut être de type conventionnel (non librement choisie), comme sur le lieu de travail par exemple, ou non conventionnelle (librement choisie). Cette relation se caractérisera par une succession d'échanges qui déterminera le cadre des interactions.

La relation est donc un processus dynamique qui possède ses niveaux, ses buts et un devenir.

• *Le premier type de relation est celui de l'attachement*

Le premier type de relation que chacun vit en venant au monde est celui de l'attachement. En effet, la base de construction de nos relations repose sur l'enfance, et plus particulièrement sur les relations à la mère. Cette relation de l'enfant à la mère est une relation affective fondée sur les prédispositions innées de l'enfant, qui vont aller au contact des sollicitudes de la mère, établissant une liaison interactive dite d'attachement. Sans ses dispositions innées, l'enfant n'aurait pas les moyens de répondre à sa mère. Les liens ainsi créés permettent pour l'enfant une double satisfaction :

celle des besoins alimentaires

et celle d'une sécurisation affective.

Cette relation d'attachement succède à celle préexistante *in-utéro* (dans le ventre maternel), où les apports affectifs et alimentaires se déroulaient automatiquement. La coupure de ce milieu privilégié qu'était le ventre maternel, matérialisée par la section du cordon ombilical, va inscrire obligatoirement le tout-petit dans une situation dynamique de « demande - réponse » qui remplace la relation "automatique" précédente. On peut même dire qu'il s'agit de la première situation de stress de l'être humain, où le changement est certainement très brutal, peut-être un des plus brutaux que nous ayons à subir dans notre vie.

La qualité de nos futures relations sociales va dépendre :
>   du bagage génétique et de nos prédispositions en venant au monde (l'inné)
>   de l'influence de la relation mère-enfant
>   et de celle des autres relations (famille, école, rue, télévision, etc.)

L'évolution des relations de l'enfant se fera par une succession de séparations (et d'angoisse de séparation) qui doivent être maîtrisées et dépassées pour permettre l'épanouissement des nouvelles relations. Etre adulte, c'est savoir choisir, et choisir c'est s'amputer du reste.

En grandissant, l'enfant doit apprendre à perdre, à changer, et chaque fois en stressant : il s'adapte. Pourquoi ce processus s'arrêterait-il à la maturité ?

• *Ensuite interviennent les mécanismes de socialisation.*

Après les mécanismes d'attachement, premiers mécanismes relationnels possibles de l'être humain, interviennent les mécanismes de socialisation. Un ensemble de processus d'apprentissage (valeurs, normes…) qui vise à l'intégration du sujet au groupe. Ces processus ne sont pas que culturels. Depuis les travaux de Piaget, on sait qu'il existe des processus indépendants de la culture et des contextes, comme le besoin d'exister aux yeux des autres, les besoins de sécurité et de prise de contrôle sur l'autre et les besoins d'affection.

• *La relation de l'homme au travail doit-elle se construire sur la motivation ?*

Quelles sont les forces qui poussent l'homme à agir en général, au travail en particulier ?
Il est aisé de postuler que les phénomènes sociaux, y compris ceux qui concernent l'entreprise, découlent de phénomènes de nature humaine, et plus précisément psychiques. En d'autres mots, les hommes ont existé bien avant leurs entreprises, et on peut aisément dire que celles-ci sont façonnées par la personnalité de ceux qui les construisent et les font vivre.

Au départ, il y a les besoins
Un homme ne peut agir que s'il a des besoins. Celui qui ne manque de rien (que ce soit vrai ou simplement ressenti comme tel) ne bougera pas. Celui qui dit "j'ai tout, c'est pour cela que je pars", a besoin d'autre chose. Les besoins de l'homme sont à la base de ses motivations.

On classe les besoins de l'homme selon le tableau suivant :

1. les besoins physiologiques
2. les besoins de sécurité
3. les besoins d'amour
4. les besoins d'estime
5. les besoins de réalisation de soi.

> Un besoin nouveau et plus élevé émerge seulement lorsque les besoins inférieurs sont satisfaits.

C'est-à-dire par exemple, que l'on ne peut se préoccuper de trouver sereinement l'amour et des relations affectives de qualité que si on a d'abord de quoi manger à sa faim, se loger, etc. On passe de 1 à 2, puis 2 à 3, puis etc.

Pour d'autres, on peut simplifier cette classification : elle comprendrait trois groupes de besoins :
1. les besoins d'existence qui incluent les besoins physiologiques et les besoins de sécurité matérielle
2. les besoins relationnels qui incluent les besoins de sécurité interpersonnelle, les besoins d'amour, d'amitié, et d'appartenance, les besoins d'estime interpersonnelle
3. les besoins de développement qui incluent les besoins d'estime de soi et ceux de réalisation de soi.

Résumé de l'ensemble des besoins de l'homme selon MASLOW et ALDORFER

Besoin physiologiques Besoin de sécurité matérielle	BESOINS D'EXISTENCE
Besoin de sécurité interpersonnelle Besoin d'amour, d'amitié, d'appartenance Besoins d'estime interpersonnelle	BESOINS RELATIONNELS
Besoin physiologiques Besoin de sécurité matérielle	BESOINS DE DÉVELOPPEMENT

Et que faire lorsque que l'on a atteint et satisfait le dernier échelon, à savoir la réalisation de soi ?

Le besoin de réalisation de soi même satisfait continue à être motivant. Il ne s'épuise jamais.

Ce besoin de réalisation de soi, quand il est possible d'y accéder parce que tous les autres sont satisfaits, permet le développement d'une énergie créatrice qui a des effets bénéfiques à la fois sur l'affectivité et sur le fonctionnement intellectuel des sujets. Se réaliser permet au sujet d'être plus autonome, moins agressif, moins avide de prestige et de récompenses.

EXEMPLE *Francis est patron de son entreprise. Tout lui sourit : amis haut placés, voiture de luxe, pêche « au gros » dans les Caraïbes, invitations mondaines… Tout. Ses amis disent de lui que sa principale caractéristique est d'être insatiable : il rêve d'acquérir son concurrent direct sur le marché et prépare une stratégie en ce sens oùle fair-play n'a pas de place ! Toujours plus ! Ce qu'il veut, c'est déclencher encore plus d'estime autour de lui par la puissancede son entreprise. Inutile de dire qu'il se stresse et… stresse encore plus les autres !*

Comment et pourquoi réaliser ses besoins :

Les besoins nous poussent, d'apprentissage en apprentissage, vers des buts destinés à les satisfaire. Et ainsi, d'étape en étape, nous façonnons nos attitudes, nos comportements et nous structurons notre personnalité autour de valeurs que nous faisons nôtres.

Ce qu'il est important de voir ici, c'est qu'à partir de besoins PHYSIOLOGIQUES ET INNES, sources d'énergie, qui nous poussent vers des buts extérieurs à nous, nous allons ACQUÉRIR attitudes, comportements et valeurs, soit au final une personnalité. Non pas que nous n'en ayons pas déjà une en venant au monde, mais celle-ci serait une sorte de prédisposition indispensable pour que les acquis externes puissent se greffer.

Cet enchaînement des BESOINS vers les buts, puis les attitudes, etc., se fait du niveau le plus concret voire biologique, (les besoins) vers le niveau le plus abstrait (les valeurs). Le principal outil utilisé pour ce faire est la MOTIVATION. La conduite humaine acquiert ainsi une constance et une organisation sur le long terme, l'existence entière, grâce à des processus d'apprentissage.

a — **Le passage des besoins aux buts.** L'état de besoin entraîne pour l'individu la nécessité de rechercher des objets - buts susceptibles de le satisfaire, donc de faire cesser cet état de besoin. Le besoin, considéré comme source d'énergie est ressenti naturellement, le but, lui, est appris de telle sorte que sa recherche s'en trouvera facilitée quand le besoin se représentera. Le but fait donc l'objet d'un apprentissage, et la motivation n'est autre que la liaison entre l'un et l'autre. Elle est caractérisée par la mobilisation d'énergie (le besoin) et l'existence du but aux yeux du sujet.

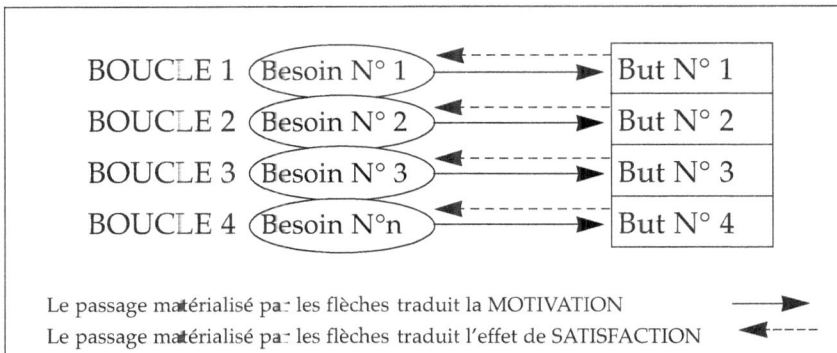

BOUCLE 1	Besoin N° 1	But N° 1
BOUCLE 2	Besoin N° 2	But N° 2
BOUCLE 3	Besoin N° 3	But N° 3
BOUCLE 4	Besoin N°n	But N° 4

Le passage matérialisé par les flèches traduit la MOTIVATION ⟶
Le passage matérialisé par les flèches traduit l'effet de SATISFACTION ⟵----

Il est important de savoir que tout ceci se fait par une succession d'essais – erreurs :
— Certains besoins sont mal compris ou mal pris en
   compte (refus de s'alimenter correctement, peur de
   s'engager dans ses relations, etc.)
— Certains buts se révèlent peu satisfaisants, parce que mal
   choisis (erreur du choix de carrière, de conjoint, etc.)
Plus la satisfaction obtenue sera en conformité avec le
besoin, plus le lien avec le but sera renforcé et plus la motivation sera grande. Et vice-versa.

b — **Le passage vers les attitudes.** Toutes ces expériences en
   boucle vues précédemment dans le schéma (boucle 1,
   boucle 2, boucle 3, boucle n, etc.) construisent nos attitudes. Elles sont le fruit de nos motivations, moins tran-
   sitoires qu'elles. La motivation serait spécifique d'un
   but, et l'attitude pourrait regrouper soit une motivation
   spécifique du but à atteindre, soit un ensemble de motivations spécifiques chacune d'un but précis. L'analyse
   de nos attitudes montre qu'elles contiennent des informations sur notre passé et nos apprentissages, et peuvent êtres assez prédictives de ce que nous sommes
   capables ou non de faire.

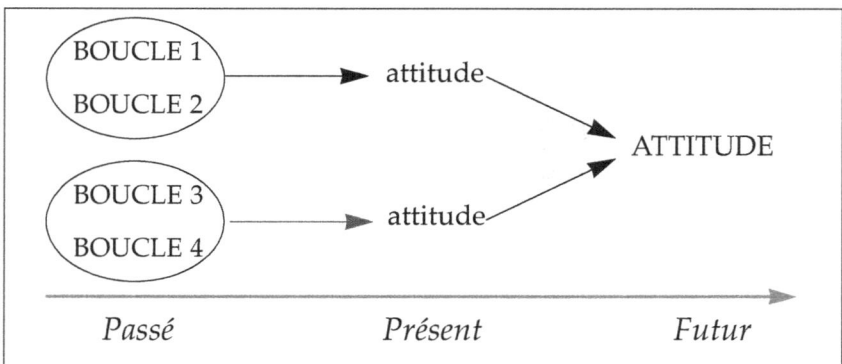

c — Le passage des attitudes aux valeurs. Le processus est analogue au précédent, et s'étend sur une période plus longue, voire la vie entière. Nos attitudes se structurent ainsi autour d'un noyau de convictions fortes qui permettent à chacun de se forger une « philosophie de la vie » lui servant de guide pour orienter son comportement à chaque moment de l'existence. Les valeurs sont alors l'ultime développement des nombreux processus de sélection et de généralisation qui autorisent l'individu à organiser sa conduite à travers le temps.

Ainsi, la compréhension des attitudes et des comportements au travail repose sur l'analyse des besoins des sujets. Seule leur réalisation effective permettra de faire éclore une réelle motivation. Dans toute situation autre, il ne pourra être question que de volontarisme dans le meilleur des cas.

Filiation entre les besoins et les attitudes

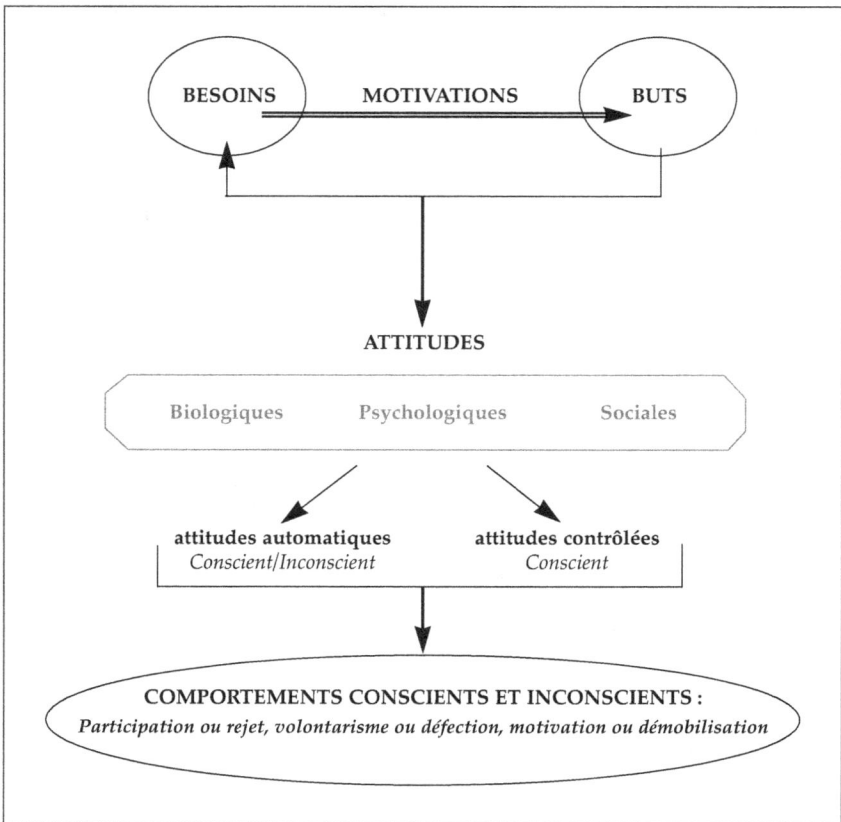

Dans une telle description, le concept d'attitude occupe une position centrale, à la jonction du biologique, du psychologique et du social. L'attitude est acquise et durable, mais avec une certaine labilité qui la rend sensible aux influences externes.

EXEMPLE La société Z. décide de restructurer son organisation pour répondre à la pression concurrentielle, en réduisant ses services techniques au profit de services commerciaux. Il est proposé aux salariés issus du « technique ». de choisir entre se convertir en agents commerciaux ou partir. Cette situation de mutation et de redéploiement interne a généré des attitudes de blocage et de rejet, qui ont elles-mêmes menacé le bon déroulement du changement en cours. Ceci s'explique en raison de résis-

tances parfaitement compréhensibles de la part de salariés ame-nés à s'orienter vers de nouveaux métiers ayant un lointain rap-port avec leurs fonctions initiales... et leur réalisation personnelle.

2. Place de la communication dans nos relations

La communication fait vivre la relation avec tous les moyens qu'elle peut employer : les mots, les paroles, mais aussi les gestes, mimiques et attitudes quelquefois suppor-tés par des outils modernes, avec le foisonnement que nous connaissons (téléphone, fax, Internet, etc.) On dis-tingue alors une communication verbale et une communi-cation non verbale.

• *Les mots et le langage*

L'homme pense, et pour exprimer cette pensée se sert du langage, issu de l'apprentissage culturel. La culture occiden-tale impose que le langage soit toujours le vecteur d'un sens et de valeurs hiérarchisées. D'où la nécessité de se soumettre à des règles qui permettent aux interlocuteurs d'être au plus près de ce qui a été signifié, pour être sûr d'être perçu cor-rectement. On distingue le langage de la langue. Le premier est un code, (un système de signes), et la langue, une actua-lisation de ce code à un contexte particulier. La langue per-çoit et projette une réalité propre à une culture et à un milieu. Parler la même langue ne concerne pas que l'apprentissage de la langue maternelle. Nous pouvons très bien parler tous le français et pourtant ne pas véhiculer les mêmes réalités dans nos mots, parce que notre langue n'est qu'une partie de notre culture. La vie sociale ne nécessite qu'une compréhension superficielle, et celle-ci cache notre différence. Toute communication qui s'approfondit aboutit à des approximations qui vont s'accentuant au fur et à mesure.

Le langage facilite-t-il les relations ? Chez l'homme, le langage sert à formuler des « demandes réponses » dont la finalité n'est pas forcément la bonne évolution de l'espèce. En ce sens, les relations ne sont pas toujours facilitées par le langage. De plus, les mots et les silences expriment ce qui est conscient comme ce qui est inconscient, il n'y a pas de hasard ici. Dire que les mots ont dépassé la pensée, c'est ne pas dire qu'on s'est trompé de mots, mais reconnaître que l'on s'est adressé à un autre que celui qui était sensé les recevoir.

EXEMPLE *Jacqueline vit une situation tendue chez elle : son mari ne fait pas assez d'efforts à son goût... Il rentre du travail plus tôt qu'elle le soir depuis qu'il a son nouveau job dans cette entreprise à deux pas de chez eux, mais ne fait rien de plus pour aider sa femme : pas de courses s'il manque du pain, pas de coup de main aux tâches ménagères : il lit, fait ses mots croisés tout en regardant la télé jusqu'à l'heure du repas ! Et bien sûr, Jacqueline, qui rentre une heure et demie après lui pour caused'éloignement de son lieu de travail, n'accepte pas cette situation et ressent une colère montée en elle. Mais elle n'en dit rien, fait contre mauvaise fortune bon cœur, et soupire silencieusement sur cet homme si prévenant, il y a bien longtemps... Et quand elle part au boulot le matin, elle pense déjà à ce qu'elle va ressentir le soir en rentrant ! Ce qui a pour but de faire monter déjà à la surface ce sentiment de mécontentement.*
Il y a fort à parier que, au travail, cette colère risque de s'exprimer d'une manière ou d'une autre. Elle réagira

par exemple de façon excessive à une erreur d'un de ses subordonnés, surtout si c'est un homme, et surtout si elle lui trouve un côté un peu… « Poil dans la main » ! Ou elle s'emportera facilement dans une situation qui ne le mérite pas. Ou elle tapera sur le matériel qui ne fonctionne pas bien, notamment son ordinateur qui ne fait pas toujours ce qu'elle lui demande…

• *L'affectivité dans la communication*

Peut - on envisager une communication détachée de toute connotation affective ? Selon F. ALQUIE, « le propre de notre condition est de saisir le monde à partir d'un Moi d'où l'affectivité ne peut être bannie ».

Ainsi la coloration bonne ou mauvaise d'une situation dépendra-t-elle en grande partie de notre état émotionnel. Il est illusoire de penser que l'acteur social laisse ses sentiments "à la porte de l'usine". Nos comportements sont un mélange d'automatismes et de fonctionnements contrôlés. Les premiers ne requièrent qu'une infime part de concentration, voire pas du tout ; les seconds nécessitent une attention soutenue et nous engagent tout entier, y compris avec nos affects. Tout changement d'importance oblige à renoncer à tout ou partie de ses automatismes (désapprentissage), pour intégrer de nouvelles connaissances (fonctionnement contrôlé) en vue de créer de nouveaux automatismes. Cette phase de transition, avec ses renoncements et ses erreurs d'apprentissage est ainsi une remise en cause de la bonne image de soi : peur de perdre ses acquis, peur de ne pas y arriver, peur d'être mal vu, etc. Le contrôle de ses actions jouera alors un rôle de renforcement de l'image positive, s'il met en évidence les progrès réalisés, mais aussi peut avoir un effet inverse et négatif devant l'échec même temporaire. On comprend donc les réticences manifestées devant les opérations de contrôle et même d'autocontrôle.

Les émotions sont inévitables dans tout processus de changement, et elles ont un coût. Il est donc impératif de ne pas les nier, d'en avoir une bonne lecture et ensuite un contrôle correct.

• *Analyse de la communication*

Le stress n'existe que parce que notre vie est faite des RELATIONS qui induisent à un moment ou un autre des CHANGEMENTS. Ainsi, la COMMUNICATION qui est l'expression de la relation devient la partie visible et exprimée de nos relations donc du stress que nous pouvons vivre. Aussi, il est indispensable de comprendre ce qu'est la communication pour pouvoir gérer au mieux nos situations stressantes.

On ne peut donc stresser que s'il y a relation, mais toute relation ne génère pas forcément du stress : le changement en est la condition sine qua non.

Historique
Deux étapes marquent l'histoire de la compréhension de la communication.

1. La première découle des travaux de SHANNON (1 952)
qui définissait la communication comme la transmission d'un message à un autre. Elle constitue ce que l'on appelle le modèle cybernétique.

Tableau de Shannon

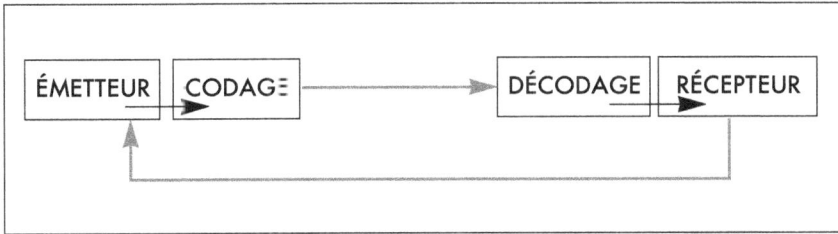

Le sujet 1 qui envoie un message (émetteur) puise ses idées dans sa pensée, les transforme en langage intelligible (codage) et les envoie au sujet 2 qui les comprend (décodage) avant de les intégrer.
Le feed-back ou rétrocontrôle est la réaction en retour du sujet 2 qui permet au sujet de vérifier que son message a bien été compris.

Ainsi, fait-on la différence entre :

Information, ou envoi d'un message à sens unique, sans possibilité pour le récepteur de réagir, et pour celui qui « émet » de s'assurer de la bonne compréhension de ses dires.

Expression : où le sujet dit ce qu'il à dire, souvent en réaction à une situation donnée, sans que celui qui l'entend ne lui réponde. L'échange est encore à sens unique.

Communication : où les interlocuteurs mis en présence peuvent réellement échanger et corriger au besoin leurs propos pour améliorer la compréhension (relation à double sens ou transaction).

Selon une étude citée par Claude Pierre VINCENT, entre 1975 et 1985, la part respective de ces trois modes relationnels dans les entreprises françaises a évolué ainsi :

	1975	1985
Expression	2 %	7 %
Information	95 %	90 %
Communication	3 %	3 %

Force est de constater que l'information reste « le modèle relationnel privilégié dans l'entreprise » dans la mesure où nous ne disposions pas d'étude plus récente.

2. Le deuxième modèle est le modèle systémique de la communication.

C'est sans doute celui qui rend le mieux compte des différentes composantes intervenant dans la communication. On considère en effet que tout événement comporte des aspects communicants. Comme le dit WATZLAWICK, chef de file de l'école de PALO ALTO (USA), « **On ne peut pas ne pas communiquer** ». Toute communication doit être considérée comme un tout et les différents éléments qui la composent agissent les uns sur les autres. Il existe par conséquent une multiplicité de facteurs qui font de la communication un système complexe.

C'est donc l'école de PALO ALTO qui a suggéré que la communication pouvait s'étendre à l'ensemble du comportement, c'est à dire utiliser des moyens verbaux et non verbaux.

Mais la communication n'est pas que verbale : on appelle alors prosopologie ce qui relève de la communication non verbale. Celle-ci peut se définir comme un ensemble de processus dans lesquels on retrouve la gestuelle, les mimiques, les silences, mais aussi l'organisation d'un lieu, les distances établies entre les personnes au cours d'une interaction. Ces processus véhiculent certains types d'information.

En fait, il n'est pas possible d'édicter des règles universelles d'interprétation des messages non verbaux. Il faut donc tenir compte de l'ensemble des éléments verbaux et non verbaux d'une communication, ainsi que du contexte pour reconnaître le sens du message.

EXEMPLE ▸ *Écarter les bras en disant bonjour à quelqu'un peut lui témoigner un accueil chaleureux sincère, ou bien servir à cacher une antipathie que l'on ne veut pas que l'autre devine, pour des raisons diverses. Inversement, croiser les bras en se calant au fond de sa chaise et en levant les yeux au ciel face à son interlocuteur tout en lui disant qu'on l'écoute serait en contradiction cette prétendue écoute.*

Ainsi on ne peut plus isoler les messages car leur sens n'est possible que dans un contexte global incluant tous les modes de communication.

• *Conclusion*

La communication possède toujours un objectif qui peut être explicite ou implicite, conscient ou non. Elle véhicule du dit, du non dit et du refoulé. Dans le fond, la question fondamentale de toute communication sera : « Quels sont les objectifs réels de mon interlocuteur ? ».

Comprendre la relation, savoir analyser la communication, c'est faire de la « bonne gestion du stress ».

Tableau du contenu de la communication

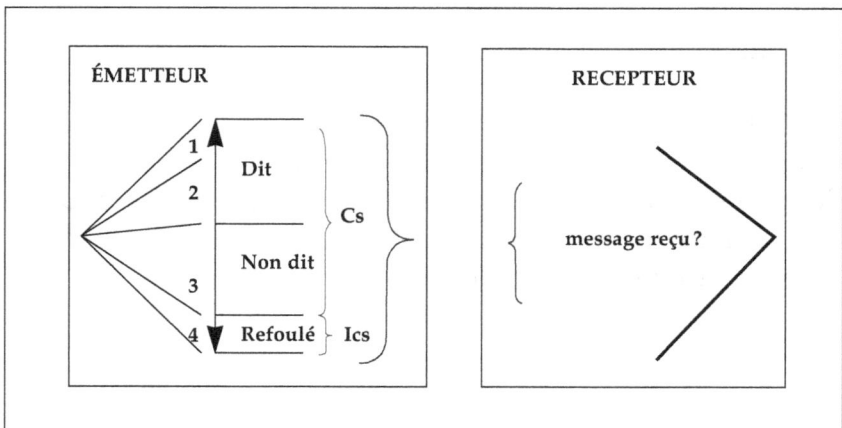

Dit	= productions verbales 1 et non verbales 2
Non dit	= ensemble des pensées conscientes chez le sujet, mais non exprimées ni oralement, ni par un autre mode = 3
Refoulé	= ensemble des pensées présentes mais non conscientes = 4
Cs	= conscient
Ics	= inconscient

☐ = environnement et son influence sur la communication

1. En raison...

- *des éléments non exprimés (conscients et non conscients),*
- *des éléments exprimés mais « camouflés » dans les gestes et attitudes (et qu'il faut savoir décoder),*
- *du « parasitage » lié aux préoccupations personnelles mais étrangères au thème du discours,*
- *de l'éventuel parasitage, lié à l'environnement qui intervient comme autant de facteurs de limitation de la compréhension, opérants en même temps aussi bien chez celui qui « parle » que chez celui qui « écoute », et ce à des degrés divers,*

2. ... quelle est la part perçue et comprise du message envoyé ?

Réponse : le pourcentage du message reçu sera toujours inférieur à la totalité du message envoyé ; nous ne pouvons TOUT entendre de ce qui se transmet. Mais nous pouvons toujours améliorer cette compréhension.

Par ailleurs, vous pouvez remarquer une évolution tout à fait parallèle de la compréhension de la communication et de ses mécanismes, et de celle du stress :

	COMMUNICATION	STRESS
Première approche	"technique"	biologique
Seconde approche	"technique" + psychologique	biologique + psychoémotionnelle
Troisième approche	"technique" + psy + socio-relationnelle	bio + psy + socio-relationnelle

EXEMPLE

Au cours d'une réunion de travail, Sylvie, responsable du personnel d'une PME, demande à un de ses collaborateurs au sein de l'entreprise, Jacques, de lui rendre un avis sur un dossier dont elle vient juste de prendre connaissance. Elle le lui tend ouvert, en demandant une réponse dans 48 heures. Celui-ci attrape le dossier, affirmant qu'il rendrait son avis dans le délai imparti, et ce faisant, pose ledit dossier sur la table en le refermant tout de suite, recule et se cale au fond de sa chaise en finissant par croiser les bras et regarder ailleurs...

3. Stress est-il synonyme de mauvaise communication ?

Nous avons déjà dit que pour qu'il y ait stress, il faut une demande et une réponse complexe correspondant à la mise sous tension d'une transaction « spéciale » entre sujet et demande. Ainsi, il faut deux interlocuteurs, ou au moins une conversation intime entre le sujet et lui-même.

• *Les tensions internes à la personnalité*

On sait depuis Freud que le sujet est pris dans une incessante dialectique entre principe de plaisir et principe de réalité : le second régule le premier parce que la recherche de la satisfaction est soumise aux contingences externes à celui-ci, mais le premier vient aussi bousculer le second. Pour ce faire, il existe une triangulation relationnelle entre le Moi, le Ça (l'inconscient chargé des pulsions de plaisir) et le Surmoi (gendarme et moralisateur, conscient et inconscient), dans laquelle le Moi doit être suffisamment fort pour arbitrer les demandes contradictoires des deux autres instances. Il existe donc une véritable conversation intérieure, source de tensions, qui peut expliquer aussi que l'on puisse se stresser tout seul.

Ainsi, préalable incontournable à la relation, la personnalité sera le premier facteur de « dosage » du stress.

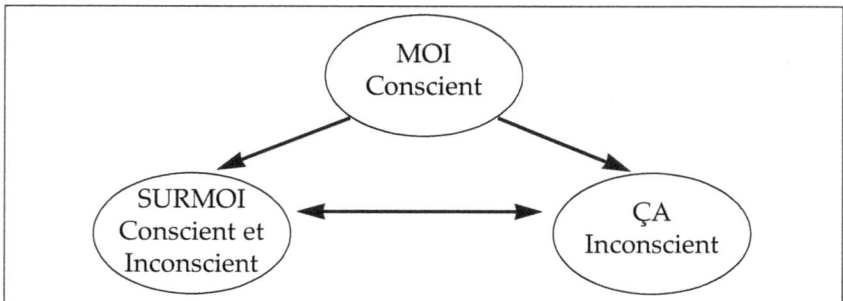

MOI
Conscient

SURMOI
Conscient et
Inconscient

ÇA
Inconscient

Une personnalité forte, équilibrée et libre correspond à un MOI fort qui arbitre les demandes contradictoires du Surmoi et du Ça. Certains obéissent plus souvent au Ça, donc à leurs pulsions de plaisir, d'autres a contrario subissent les injonctions du Surmoi et ont une vie faite d'interdits.

• *Les caractéristiques d'une relation*

Dans le cadre interpersonnel, une relation peut s'établir selon trois niveaux :
   la simple prise de conscience d'autrui : voisin de palier que l'on croise et salue à peine…
   un niveau superficiel : au travail…
   un niveau profond : où l'on apprend à se connaître mutuellement, à faire des projets en commun, où l'on pénètre l'intimité de l'autre.

Toute relation peut très bien rester à l'un des niveaux éternellement, passer au niveau supérieur ou inférieur, voire disparaître.

La qualité d'une relation dépendra d'un contrat tacite au départ, ou verbalisé par la suite. Ce contrat définit les limites à respecter parce que chaque individu possède un espace vital qu'il importe de faire respecter. Tout « naturel-lement », nous déterminons une enveloppe à perméabilité sélective. Son rôle est de protéger contre les menaces physiques et émotionnelles, mais aussi de permettre l'approche de l'autre quand celui-ci sera perçu comme une chance ou une opportunité bonne à saisir. La perception de menace déterminera les dimensions de cet espace, et la perception de chance réglera la perméabilité de l'enveloppe de cet espace. Du même coup, sera défini le type de communication que l'on est *a priori* prêt à établir avec l'autre.

Ainsi la place est faite pour qu'une certaine dose de stress puisse se produire, contrôlée par les limites de cet espace vital. On peut parler de mise sous tension lors du premier contact, celle-ci se transformant éventuellement en stress d'autant plus fort que l'évolution de la relation demande un effort d'adaptation plus intense. En effet, si la relation doit s'approfondir, ces limites seront repoussées, au fur et à mesure de l'évolution de la relation. Le plus souvent, un processus de ritualisation fera passer la relation par une série d'étapes : tout dépassement brutal et unilatéral d'une étape serait vécu comme une atteinte de son espace vital. Comme nous le reverrons plus loin, la ritualisation est un moyen de limiter la violence dans les relations. L'espace vital se rétrécit au fur et à mesure que la relation est plus « intime » et profonde.

L'approfondissement d'une relation, s'il amène à plus d'ouverture de soi, est forcément porteur d'un double risque : celui d'être atteint dans son intimité, et celui de découvrir les comportements négatifs (critique, tentative de prise de pouvoir...) qui ne se faisaient pas jour au début. Le « tout beau, tout nouveau » laisse la place aux défauts, aux risques conflictuels. On retrouve ici la nécessité de l'adaptation qui peut se faire par les compromis, ou par l'acceptation pure et simple de la différence de l'autre, soit ne pas se faire. Dans les deux premiers cas, la révélation toujours plus importante de soi renforcera les sentiments positifs initiaux. Dans le dernier cas de figure, il y aura bien sûr, rupture de la relation.

Toute relation a un but. La relation se fait avec un coût et un rapport, le but étant d'avoir une dépense minimale pour une satisfaction maximale, que ce soit dans le domaine de l'amour, de l'argent, des services rendus, biens matériels acquis, etc. La ritualisation permettra d'étapes en étapes, avec une dose de stress quelquefois minime, d'évoluer d'équilibres rectifiés en équilibres rectifiables.

On ne peut passer d'un équilibre donné à un autre sans une phase de stress qui autorisera l'adoption de nouveaux comportements et donc de nouveaux modes relationnels.

• *Bonne ou mauvaise communication ?*

Toute relation peut s'engager dans un processus de construction positif ou négatif, utilisant dans un cas comme dans l'autre la communication sous toutes ses facettes.

Chaque franchissement d'étape dans l'approfondissement de la relation sera possible par la phase de stress qui la précédera et l'accompagnera, réalisant une progression en escaliers, le stress cessant à chaque palier. La communication deviendra alors à la fois le vecteur des manifestations du stress (pousser une gueulante, rougir, se taire, etc.) et vice versa.

Effectivement, on ne peut pas ne pas communiquer ; mais on peut toujours n'entendre qu'une partie, voire rien du tout de ce qui a été pourtant dit.

Gérer le stress dans la communication, c'est être à même de ne pas en occulter toutes les composantes, y compris les aspects émotionnels.

Certains parlent de communication pathologique lorsque celle-ci n'assure plus son rôle de construction de relations positives entre les individus. Il existe ainsi des relations profondes et durables entre individus que la complémentarité de leur « perversité » réunit. Les couples sadomasochistes en sont un exemple. Si nous pouvons juger comme négatives et pathologiques de telles relations, nous ne pouvons en nier l'existence. Mais on peut aussi parler de communication constructive ou non constructive, sans l'affubler d'une valeur positive ou négative. Par exemple, dans le monde du travail, l'injonction contradictoire est une forme de communication fréquente et souvent non constructive, parce qu'elle comporte deux contenus incompatibles. « Soyez participatifs, mais c'est moi qui décide » en est un exemple. Cette situation ne permet aucune réponse adaptée et satisfaisante. Si elle met souvent le sujet dans une position impossible, et donc en situation de stress « négatif », elle peut à l'occasion susciter des réactions novatrices et donc prendre un aspect pourtant « positif ». Le sujet ainsi confronté à une injonction contradictoire, peut la considérer à juste titre comme un défi personnel, et trouver l'occasion de dépasser la contradiction par une solution inédite et créatrice.

• *Place des attitudes dans la communication*

On peut postuler que le type de relation existant entre deux personnes en interaction, résulte des attitudes développées par chacun des acteurs.

Dans le cadre d'une relation authentique, l'inadéquation entre l'attitude adoptée et le but avoué de la communication génèrera une situation de stress d'autant plus importante que le décalage sera inattendu, important et durable. Il faut donc définir quelles sont ces attitudes et les risques qu'elles font courir au développement serein de cette relation, quand elles ne sont pas correctement ajustées.

Nous avons vu que les attitudes humaines intègrent des paramètres physiques et biologiques, psychologiques et sociaux.

Elles sont la résultante d'un ensemble d'actions :

— commandées par nos besoins,
— guidées vers des buts qui satisferont ces besoins,
— et mises en route par les ressorts de la motivation.

Les attitudes découlent de l'ensemble de nos motivations, et se situent au carrefour de nos composantes biologiques, psychologiques et sociales. Elles sont apprises et fortement influencées par nos besoins. Elles sont alors le point de départ de nos comportements, et s'orientent en fonction de grandes valeurs que nous nous sommes forgés progressivement. Il est clair que selon le degré de réussite ou d'échec obtenu dans ces comportements, la part socialement plus ou moins acceptable de ceux-ci, ils seront modulables. Là encore, nous avons un effet en boucle (ou feed-back) pour permettre des ajustements en fonction des situations et notamment du stress.

Schéma normal d'évolution de nos attitudes
en fonction de leur efficacité globale

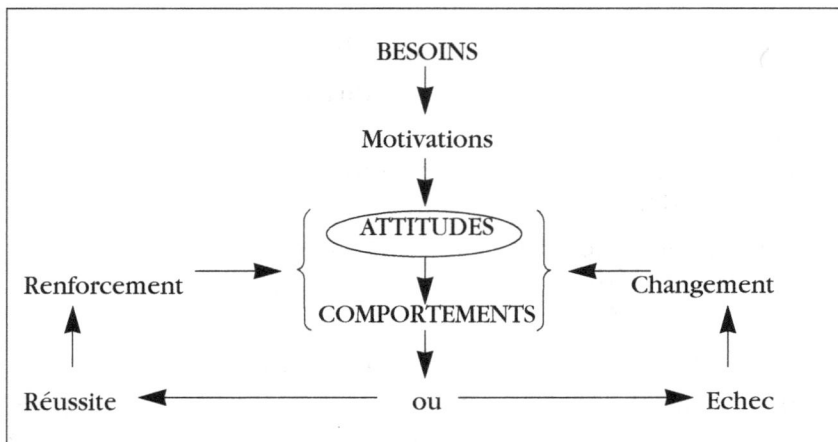

```
                        BESOINS
                           ↓
                       Motivations
                           ↓
                   ⎧   ⟨ATTITUDES⟩   ⎫
   Renforcement ───────→⎨       ↓      ⎬←─── Changement
        ↑          ⎩ COMPORTEMENTS ⎭          ↑
                           ↓
   Réussite ←────────── ou ──────────→ Echec
```

Le succès de nos actions aura tendance à nous renforcer dans nos attitudes et comportements. À l'inverse, l'échec nous amène (ou devrait nous amener) au minimum à nous interroger, au mieux à changer... donc à stresser.

Chacun avance dans la relation et donc dans la communication avec un certain nombre de paramètres d'ordre physique, biologique et psychique, issus de son vécu, qui le prédispose à agir d'une manière quelquefois stéréotypée en face de telle situation précise. On conçoit alors aisément que les chances de comportement novateur sont fortement obérées par la répétition compulsive de prises de position identiques.

*Schéma pathologique d'évolution de nos attitudes
en situation de compulsion de répétition*

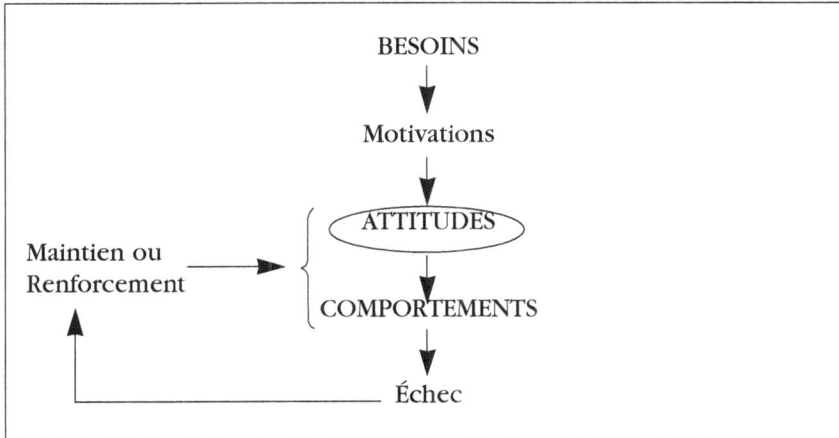

Le maintien ou le renforcement d'actions vouées à l'échec vont amplifier celui-ci.

Ces schémas montrent que :

Les besoins et les motivations étant ce qu'elles sont, on ne peut inventer de vrais besoins, ni motiver pour autre chose que des vrais besoins. On ne peut donc en cas d'échec, raisonnablement agir sur ces deux paramètres, sauf s'ils sont mal pris en compte dès le départ ;

les attitudes sont non seulement le carrefour de nos composantes biologiques, psychiques et socio-relationnelles, mais aussi le point de départ de tous nos comportements et actions, et que c'est bien de leur changement dont il s'agit en priorité lors de situations d'échec.

Bien gérer son stress, ou je préfère dire encore bien stresser, c'est donc aussi reconnaître ses attitudes. Elles s'expriment plus ou moins ouvertement et déterminent le comporte-ment. Elles sont plus ou moins avouées, plus ou moins conscientes. Elles jouent un rôle majeur dans les situations de communication. Unifiant perceptions, motivations et opinions d'un individu, elles sont les « clés de voûte » de la communication : il a été démontré que la similitude d'attitude attire plus fortement deux personnes que leur similitude de culture. *Par exemple, le public des supporters d'une équipe de football uni dans une même attitude d'encouragements, malgré d'évidentes différences socioculturelles entre leurs membres.*

Les travaux de PORTER ont permis de comprendre comment toute attitude détermine un certain type de relation, et ce type de relation aura ses conséquences sur la communication. On définira ici sept grands types d'attitude : d'interprétation, d'évaluation, d'aide ou de conseil, de questionnement, de compréhension et d'élucidation.

- **L'attitude d'évaluation** se définit comme l'attitude qui consiste à formuler un jugement positif ou négatif par rapport à ce qu'exprime l'autre, en fonction de nos critères moraux. On parle alors de relation « évaluateur - évalué ».
- **L'attitude d'interprétation** consiste à formuler à l'autre les raisons cachées qui sous-tendent ce qu'il vient de dire ou de faire. Elle crée une relation « interprétant - interprété », où il y a risque de déformer la pensée de l'autre et de passer à côté du message. L'interprétation n'est acceptable que si elle formule à un moment où l'autre peut l'entendre, l'accepter ou l'assumer, c'est-à-dire se l'approprier.
- **L'attitude d'investigation** consiste, pour permettre à l'autre de s'exprimer, à lui poser des questions. Ce type de relation est de nature « questionneur - questionné ». Elle tente de trouver des éclaircissements mais au risque

d'orienter l'échange dans une direction différente de celle nécessitée par le problème.

- **L'attitude de soutien** crée une relation « compatissant-plaignant », agit comme un baume adoucissant faisant passer au second plan le ou les problèmes pour privilégier la composante émotionnelle.

- **L'attitude de solution** consiste à proposer à l'autre des solutions ou des éléments de solution, réduisant ses possibilités de résoudre ses problèmes par lui-même. Il s'agit d'une relation de type « conseilleur - conseillé ».

Ces cinq premières attitudes ont en commun de créer une relation déséquilibrée en faveur de celui qui interprète, évalue, questionne, soutien ou solutionne. Ce déséquilibre peut aller jusqu'à une véritable dépendance, et peut donc être manipulatoire. A l'inverse, le questionné, conseillé, évalué, soutenu ou interprété peut refuser à tout moment cette emprise, se bloquer au minimum, ou même déclencher une réaction de contre-dépendance, voire agressive. On comprend que, même si la situation justifie le positionnement de l'un des interlocuteurs dans une de ces attitudes, il en découle inévitablement un état de stress plus ou moins fort qui ne cessera que lorsque l'équilibre et l'équité seront retrouvés.

- **L'attitude de compréhension** consiste à manifester à l'autre que l'on s'intéresse à ce qu'il dit et qu'on l'écoute pour le comprendre et non pour le juger. Dans ce type de relation, intervient concrètement le principe de reformulation, intervention consistant à renvoyer à l'autre ce qu'il vient d'exprimer dans un souci de contrôle, de compréhension et de stimulation de son expression et d'approfondissement de la relation.

- **L'attitude d'élucidation** est la même que la précédente, avec un effort de clarification supplémentaire et d'approfondissement de la relation dans un souci d'authenticité.

Ces deux dernières créent une différence de statut comme les autres, mais qui inverse la dépendance : elle se fait vers l'autre et c'est l'autre qui est privilégié ici.

Conséquences : création d'un climat relationnel facilitateur de l'expression. L'autre ne ressent pas de menace dans cette situation, il réduira donc ses mécanismes de défense. Par ailleurs, recentré sur lui-même, l'autre peut continuer sa réflexion, développer ses opinions ou sentiments sans canalisation.

La situation optimale de communication est finalement celle où l'interlocuteur ne se sent ni jugé, ni analysé, ni interprété, ni guidé par des conseils ni manipulé ou harcelé par des questions.

L'essentiel est la création d'un climat relationnel favorable fondé sur quatre composantes selon PORTER :
- l'acceptation inconditionnelle de l'autre, refus de tout jugement et acceptation de ses silences,
- neutralité bienveillante, qui n'est pas passive, mais repose sur un engagement positif par l'intérêt porté à l'autre et la considération positive qu'on lui accorde,
- l'authenticité en s'intéressant réellement à ce qu'exprime l'autre,
- l'empathie qui est la qualité vraisemblablement la plus difficile à mettre en œuvre, consistant à s'immerger dans le monde subjectif de l'autre non pour se mettre à sa place, mais pour ressentir ce qu'il ressent. Cette empathie comprend deux composantes : la

réceptivité aux sentiments vécus par l'autre et la capacité à verbaliser cette compréhension. Elle est donc active et est transmise à l'autre.

• *Conclusion*

Il apparaît ainsi que l'abord, la compréhension et la gestion du stress font intervenir trois niveaux :
• la personnalité des acteurs en jeu et leur histoire personnelle,
• les relations entre les personnalités et leur contexte actuel,
• l'expression de ces relations dans la communication et tous les moyens de communication.

On peut, avec certains outils adaptés, tenter d'analyser les facteurs actualisés dans toute situation stressante en abordant celle-ci par les trois niveaux cités plus haut.
La communication est partout, mais son « écoute » se fait le plus souvent au seul niveau du « dit », limitant la compréhension et la portée des messages, et potentialisant les conditions de stress nocif dans les relations.

Il importe donc :
• de reconnaître et de « débrancher » les comportements automatisés, pour favoriser le changement et l'apprentissage,
• d'accepter, d'identifier et de contrôler le facteur émotionnel, pour désaffectiver sans déshumaniser les relations socio-professionnelles.

LES IDÉES « PHARE »

Comprendre le stress, c'est comprendre d'abord comment fonctionnent nos relations : *pour stresser, il faut obligatoirement une relation, mais l'inverse n'est pas vrai.*

Nos émotions colorent en permanence nos relations : *on ne peut les laisser à la porte de l'usine.*

L'homme ne se motive au travail que si celui-ci lui apporte des réponses à ses besoins réels. *À défaut d'être motivé, il peut toujours être volontaire.*

On ne peut pas ne pas communiquer : même le silence est une réponse qui peut en dire long.

Nos attitudes sont issues d'une série d'apprentissages dans la satisfaction de nos besoins : elles vont conditionner nos comportements, notre communication et nous pousser à stresser plus ou moins facilement.

Au travail, il faut savoir désaffectiver sans déshumaniser ses relations : c'est-à-dire reconnaître ses émotions sans les impliquer dans son professionnalisme.

Retour sur les exemples

Philippe est parfaitement heureux : qui le blâmerait ? Et pour lui, tout changement est une menace sur l'équilibre de sa vie. D'ailleurs, il est très sensible à tout ce qui touche sa situation professionnelle. Tous ses besoins paraissent satisfaits, et un changement dans son métier déclencherait difficilement une motivation de sa part, sauf si cela lui permettait un développement personnel plus grand encore. Oui, mais de quel développement s'agirait-il ? Plus de responsabilités ? Plus de vie privée ?

Dans le cas de Francis, il est possible qu'il confonde les choses : apparemment « réalisé », et pourtant toujours à la recherche de « conquêtes », il n'hésiterait pas à écraser les autres pour y arriver. Se prend-il pour un conquistador du Moyen âge qui se réalise dans l'aventure de ses conquêtes ? Non : c'est en fait l'estime jamais reçue dans son enfance, à savoir celle de son père qui l'a toujours traité de « bon à rien » et décédé depuis, après laquelle il court sans fin. On peut dire qu'il a sauté une étape : celle de la réalisation de ses besoins relationnels, et en reste insatisfait quels que soient ses succès.

La société Z. a réagi en mettant en place un plan d'accompagnement du changement, qui a permis aux salariés stressés d'en savoir plus sur eux-mêmes et leurs véritables besoins. Pour certains, il a été possible d'envisager cette mutation comme une réponse valable à leurs aspirations pas toujours bien comprises, y compris d'eux-mêmes. Pour d'autres, de faire preuve de volontarisme, ou d'envisager d'autres solutions à plus ou moins brève échéance.

Jacqueline contient un sentiment, la colère qu'elle juge indigne de sa vie de couple, et peut-être craint-elle aussi de rentrer dans un processus de conflit qu'elle a toujours refusé dans sa vie sentimentale. Mais il faudra bien que cette colère qui pousse comme la pression dans une cocotte-minute sorte, même atténuée. Et c'est ce qui lui arrive au travail surtout si elle peut trouver à certaines situations une similitude même légère avec sa relation matrimoniale. Elle est stressée par ce changement et en paye le coût émotionnel, qu'elle fait supporter en partie à son entourage professionnel.

Le collaborateur de Sylvie a manifestement exprimé deux avis contradictoires dans son message : un verbal où il dit accepter sa mission, et l'autre purement gestuel où il manifeste un refus de la faire. Sylvie ayant compris cela, a réagi immédiatement en amenant son collaborateur à exprimer ses réticences cachées : il était débordé par d'autres tâches et avait besoin d'un délai supplémentaire. Ils ont ainsi pu s'entendre, et couper court à une situation de stress, puis de conflit à venir.

TESTEZ-VOUS!

INVENTAIRE DES FACTEURS PERSONNELS DU STRESS

Ce questionnaire a pour but de vous aider à identifier vos propres facteurs de stress (ou stresseurs), puis à quantifier votre niveau global de stress, et enfin définir les sous-catégories où il prédomine et leur valeur.

En effet, il a été démontré que c'est la **perception subjective** que l'on a de **l'aspect stressant ou non** d'un problème qui entraîne une menace pour notre bien-être physique ou psychique, plus que la réalité objective de ce problème.

INSTRUCTIONS :

Il s'agit donc, dans un premier temps, de repérer et de cocher, dans la liste proposée, ce qui vous stresse, c'est-à-dire :
— les événements stressants que vous vivez actuellement
— les événements plus anciens, mais dont les suites
    stressantes se font toujours sentir actuellement
— les événements survenus aux membres de votre
    entourage, mais qui vous touchent quand même.
— enfin, les événements futurs que vous appréhendez
    comme déjà stressants pour vous-même (anticipation).

Il ne faut donc pas cocher les évènements que vous n'avez jamais vécus. Puis, dans un deuxième temps, comme le stress est avant tout une affaire de vécu personnel, à chaque item coché, veuillez indiquer la notation en intensité de stress que vous estimez appropriée pour cet item. Cette notation se fait de 10 minimum à 100 maximum. Il s'agit bien de votre vécu personnel et de la perception

« émotionnelle » que vous en avez (et non de ce qu'il serait de « bon ton » d'en penser, ou du jugement de votre entourage).

Pour vous aider, cotez 50 un événement que vous jugez moyennement stressant par exemple, et ensuite, par référence à celui-ci accordez une note aux autres :
> 50, jusqu'à 100 maximum, pour les événements
  PLUS stressants.
< 50, jusqu'à 10 minimum, pour les événements
  MOINS stressants.

Ou vous pouvez aussi choisir de commencer votre cotation par celui qui vous stresse le plus (ou le moins), et de descendre ensuite (ou de remonter) votre cotation par ordre décroissant (ou croissant) d'intensité stressante.

Cochez puis notez UNIQUEMENT les situations VÉCUES* que vous considérez comme stressantes au plan privé ?	Cocher	Cotation
1. divorce		
2. mariage		
3. remariage		
4. séparation temporaire		
5. conflits		
6. déménagements		
7. famille nombreuse		
8. réunions familiales nombreuses		
9. réunions familiales rares		
10. alcoolisme		
11. peu ou pas d'amis		
12. insatisfaction affective, problèmes sexuels		
13. un potentiel émotionnel fort (colère, amour, peur,...)		
14. grossesse		
15. décès d'un proche		
16. problème de santé important vous concernant		
17. peu ou pas de famille		
18. problème avec la loi ou la justice		
19. problème de santé chez un proche		
20. problème financier		
SOUS-TOTAL		

Comment le stress influence-t-il les relations professionnelles ?

Cochez puis notez UNIQUEMENT les situations VÉCUES* que vous considérez comme stressantes au plan professionnel ?	Cocher	Cotation
1. une vocation ratée ou contrariée		
2. un niveau de revenus insuffisant		
3. un niveau de qualification insuffisant		
4. des sanctions importantes		
5. des récompenses		
6. un sentiment d'échec global		
7. le chômage		
8. un résultat global moyen		
9. des relations hiérarchiques difficiles		
10. des relations de collègues de travail difficiles		
11. des horaires de travail contraignants		
12. des déplacements importants		
13. des contraintes physiques (chaleur, locaux, etc.)		
14. insuffisance de moyens		
15. manque de communication		
16. contacts directs avec la clientèle		
17. un potentiel émotionnel fort (colère, peur, culpabilité,...)		
18. changement de situation professionnel total		
19. des incompatibilités entre vie privée et professionnelle		
20. problème juridique		
SOUS-TOTAL		

Cochez puis notez UNIQUEMENT les situations VÉCUES* que vous considérez comme stressantes au plan culturel ?	Cocher	Cotation
1. une influence religieuse forte ou assez forte		
2. une influence politique ou philosophique forte		
3. des loisirs rares		
4. des loisirs stressants		
5. pas de désir de loisirs ou de sorties		
6. une ambiance trop laxiste dans votre vie, ou un manque de "garde fous"		
7. des obligations strictes au plan quotidien		
8. une vie sédentaire		
9. une vie trop active		
10. des moyens d'information culturels rares		
SOUS-TOTAL		

* Si vous n'avez pas vécu une situation ne la cochez pas.
Par exemple si vous n'avez jamais eu de grossesses ou de problèmes juridiques ne le cochez pas.

INTERPRETATION DE L'INVENTAIRE
DES FACTEURS PERSONNELS DE STRESS

Ce test volontairement subjectif ne peut donc être corrélé à une table de résultats.

RÉSULTAT GLOBAL : NOTE TOTALE OBTENUE
Il montre un « niveau » de stress en fonction d'un vécu.
— Plus le chiffre est élevé, plus la situation est stressante avec un risque proportionnel de développer soit une maladie, soit d'être victime d'un accident.
— Plus le chiffre est élevé, plus le risque d'être encore plus stressé augmente, créant un cercle vicieux.

RÉSULTATS PARTIELS : NOTE PAR SECTEUR
Il permet de sérier en « zones à risque » ce niveau de stress.
— Vous pouvez déterminer s'il existe un secteur de votre vie plus stressant qu'un autre ; ou au contraire de montrer qu'il existe une répartition « équilibrée » du niveau de stress.

APPROCHE DIACHRONIQUE
Vous pouvez déterminer si vous stressez plutôt pour des raisons passées, présente ou futures.

APPROCHE DISCRIMINATIVE
L'analyse doit porter sur :
* la quantité d'événements stressants,
* et la qualité proprement stressante de ceux-ci.
Quatre événements stressants cotés 25, n'auront pas forcément autant d'effets nocifs qu'un seul coté 100.

L'intérêt d'une telle échelle est de pouvoir comparer une situation à un temps « TO » avec une autre situation à un temps « T1 », et ainsi de suite.

Troisième partie

Comment l'individu
réagit-il au stress ?

« L'adversité rend à l'homme les vertus
que la prospérité lui enlève »
(E. Delacroix)

5

L'individu
en situation
de stress

Encore une conversation très instructive :
Deux collègues de travail, Jean et Evelyne sortent du bureau et semblent de bonne humeur.

— *Ah! enfin dehors! ouf! dure journée quand même...*

— *Eh oui Jean... tu sais que c'est toujours comme ça le Vendredi avant le week-end.*

— *Je ne comprends pas pourquoi tous ces clients se préci-pitent chez nous, tous ensemble le Vendredi?*

— *Ils ont peur d'être à court pendant le week-end!*

— *Oui mais ça m'horripile! Et toi, je t'observe, et je vois que tu prends ça très cool!*

— *Ben oui! Qu'est-ce que tu veux y faire? Les gens sont comme ça... on ne peut rien y changer.*

— *C'est pourtant si simple de prendre ses précautions avant, de s'y prendre à l'avance...*

— *Parce que toi tu arrives toujours à anticiper sur tout?*

— *Non bien sûr, mais j'essaye. Regarde : là, je dois aller chercher les enfants et plutôt que de faire les courses demain...*

— *T'as raison, il y a trop de monde le samedi matin dans les supermarchés...*

— *J'y vais ce soir avec eux, et on se fait une pizza avant de rentrer. Avec un peu de chance j'aurais une caisse rapide et à 21 heures, tout est fini ! Et alors, vite à la maison !*

— *Pas trop de monde sur la route ?*

— *Je me débrouille... je cherche la file la plus rapide...*

— *Eh bien, moi je dis que c'est comme ça, et qu'on ne peut rien y faire : le Samedi est le Samedi, le monde est le monde, il y en a partout, et je patiente en attendant que ça passe.*

— *Ouais, ça me fait penser à ce que tu vis en ce moment avec ta chef d'équipe : elle est odieuse quand même ! Et toi tu dis rien...*

— *Oh tu sais, ça lui passera... Et puis je ne veux pas mettre d'huile sur le feu...*

— *Oh moi, je ne pourrais pas... Faudrait que ça sorte tout de suite...*

— *Et ça changerait quoi ? Je fais le dos rond...*

— *Moi non, et depuis que ma femme m'a quitté, j'ai encore moins de patience. Pas intérêt à m'embêter... sinon ça explose tout de suite !*

— *Je pourrais pas, moi. C'est déjà bien que je ne pleure plus aussi facilement qu'avant ! Remarque, en ce moment, j'ai pas de raison d'être triste...*

— *Ah oui ! François, hein... ? Ca se passe bien avec lui ?*

— *Plutôt...*

— *En tout cas, si tu en parlais pas, on ne saurait pas que t'es heureuse !*

— *Je trouve, comment dire, indécent de laisser voir ses sentiments et ses émotions.*

— *Pourquoi ?*

Ils arrivent près de leurs voitures respectives
garées l'une derrière l'autre...

— *Oh non ! Encore un PV ! hurle Jean. Mais c'est pas possible ! Ils n'ont que ça à faire : emmerder ceux qui bossent,*

et pendant ce temps les vrais truands, eux, ils courent !
Et toi aussi, t'en as un… et tu dis rien ?
— Oh tu sais… qu'est-ce qu'on peut y faire ?

Nous allons maintenant aborder les aspects individuels du stress et les modalités de cette « réponse » en situation de changement chez l'individu qui y est soumis, c'est-à-dire vous et moi. Elles se déclinent en trois groupes : les réponses biologiques, pychoémotionnelles et comportementales.

1. Les réactions biologiques

Sans entrer dans les détails qui relèveraient d'un discours et d'un auditoire de médecins ou de biologistes, il nous faut quand même expliquer les actions globales observées lors des situations de stress, et les circuits mis en jeu. Pourquoi ? Pour éviter d'employer certains mots comme « adrénaline » à tort et à travers, et parce que faire fonctionner correctement une voiture, c'est aussi savoir qu'elle utilise une source d'énergie, un accélérateur, des freins, etc.

Les actions hormonales générales

Elles se divisent en deux catégories :
1. Celles qui ont un rôle **activateur** : il y a activation des circuits relatifs à la vigilance, à l'état d'alerte, entraînant en périphérie une redistribution préférentielle de l'oxygène et des nutriments énergétiques vers les zones du corps qui le nécessitent (essentiellement cerveau et muscles).
2. Celles qui ont un rôle **inhibiteur** : il y a diminution de l'activité des fonctions végétatives, notamment la sexualité, les fonctions digestives et les fonctions immunitaires (défense de l'organisme).

Les circuits biologiques mis en jeu.
Ces actions globales sont sous-tendues par des circuits biologiques que nous distinguerons entre axes essentiels et axes secondaires.

Les deux axes essentiels, à localisation cérébrale et périphérique, sont représentés par :
1. L'axe ou système nerveux sympathique autonome (SNSA) ou *adrénergique*. Il est responsable de la sécrétion d'adrénaline et de noradrénaline. C'est le premier système mis en jeu, le plus rapide lors de la phase d'alarme. La libération d'adrénaline entraîne une accélération du rythme cardiaque, une élévation de la pression artérielle, et par voie de conséquence une diffusion plus rapide de l'oxygène en direction à la fois du cerveau et des muscles. Ces deux récepteurs sont en effet privilégiés, du fait de leur rôle fondamental dans les réactions aux stresseurs, car ils assurent la réflexion et l'action.

« Faire de l'adrénaline », comme on dit trivialement, c'est finalement s'assurer d'une oxygénation optimale.

2. l'axe hypothalamo-hypophyso-surrénalien (HHS), qui aboutit à la libération du cortisol, hormone principale de cet axe. Elle n'est rien d'autre que notre « cortisone » naturelle.

Le cortisol, deuxième hormone importante du stress permet la mobilisation de glucose (de sucre) et donc l'apport de « combustible » aux cellules.

Ainsi, adrénaline et cortisol se conjuguent pour apporter oxygène et nutriments aux deux organes qui en ont le plus besoin dans les situations de stress. On peut donc considérer qu'il s'agit d'un double système libérateur d'énergie.

Tableau simplifié des sécrétions hormonales au cours du stress

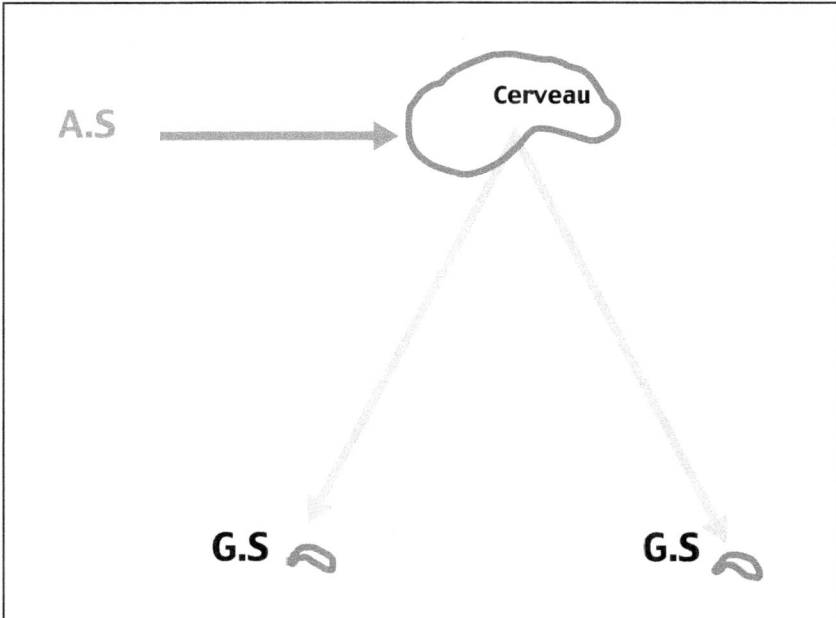

Tout agent stressant (A.S.) est analysé par le cerveau qui donne l'ordre aux glandes surrénales (G.S.) appelées ainsi parce que situées sur les reins, de sécréter adrénaline et cortisol.

EFFETS DE L'ADRÉNALINE : augmentation de la circulation de l'oxygène en direction du cerveau et des muscles.
EFFETS DU CORTISOL : augmentation de l'apport en « sucres » en direction du cerveau et des muscles.

En plus de ces deux circuits principaux, il existe d'autres systèmes à localisation purement cérébrale, activés par le stress, et permettant la libération d'autres médiateurs chimiques :

1. le système dopaminergique, lié à la sécrétion de dopa-mine, jouant un rôle dans les processus cognitifs (apprentissage),
2. le système limbique, jouant un rôle dans le rappel mnésique et l'analyse émotionnelle de l'information concernant le stresseur (émotions),
3. le système du noyau arqué, produisant des opioïdes (endorphines),
4. enfin : prolactine, sérotonine, hormone de croissance, etc. font aussi partie de la panoplie hormonale du stress.

La sécrétion d'endorphines, c'est-à-dire pour simplifier notre morphine naturelle, se fait (tout à fait légalement, soyez rassurés !) en certaines circonstances, comme lors de séances d'acupuncture, où la piqûre de points précis active leur sécrétion et entraîne une diminution des douleurs accompagnée d'un état de relaxation.

Autre exemple de sécrétion endorphinique : il est classique d'observer une attirance pour les aliments sucrés et notamment le chocolat, en situation de stress. Notre organisme nous pousse à consommer ces aliments ce qui aura pour effet d'augmenter la sécrétion d'endorphines, à visée relaxante. Malheureusement l'effet est de courte durée, et impose d'y retourner, d'où… la prise de poids !

Enfin, la pratique d'activités sportives intensives aboutit à la libération d'endorphines dont le but est de rendre supportable la pratique même du sport : qui n'a pas entendu parler des « accros du jogging » ? L'accro du jogging est de fort méchante humeur lorsqu'il n'a pas pu faire son sport favori qui lui aurait permis d'avoir sa « dose » d'endorphines.

Il faut bien garder à l'esprit que tous ces systèmes sont inter-dépendants, reliés par de multiples connexions et influent les uns sur les autres, de façon variable d'un sujet à l'autre. Ce qui explique les différences visibles par exemple entre ceux que le stress fait manger et ceux à qui il coupe plutôt l'appétit.

Stress et hormones

On pourrait être tenté de penser que, finalement, c'est le stress qui décidera de notre profil hormonal, et donc de nos comportements et réactions et de leurs conséquences bonnes et mauvaises. Or, les actions entre stress et hormones sont réciproques. En effet, il ne s'agit pas seulement des modifications hormonales déclenchées par le stresseur, mais également de l'influence du statut hormonal existant au préalable à une situation difficile chez tout individu, qui réglera aussi en partie son comportement. Nous sommes encore en présence d'un effet en boucle, où l'influence de l'un modifie le second qui en retour modifiera le premier et ainsi de suite.

Selon Dantzer (1983), un sujet dont le système hypotha-lamo-hypophyso-surrénalien (H.H.S.) (c'est-à-dire celui qui sécrète du cortisol) est chroniquement activé a plutôt tendance à réagir passivement. A l'inverse, chez celui dont le système adrénergique (à sécrétion d'adrénaline) est chroniquement activé, le comportement sera plutôt actif. On voit ainsi qu'il n'y a pas de primauté du psychique sur le biologique, mais bien une interaction, une influence réciproque. Plus trivialement, ce n'est pas le stresseur qui fait de nous un « combattant » ou un « fuyard », mais bien aussi notre prédisposition à adopter telle ou telle attitude qui influ-encera notre mode réactionnel. Mais rien n'est figé, et selon les circonstances et les corrections apportées, il est possible d'adopter de meilleures stratégies d'ajuste-ment en situation de stress.

Conséquences des mécanismes hormonaux mis en jeu
Ces systèmes vont donc jouer un rôle activateur des zones à privilégier en situation de stress, à savoir le cerveau et notre système musculaire. L'énergie ainsi mobilisée le sera au détriment (rôle inhibiteur) d'autres parties de notre organisme, dont l'importance est devenue moindre. Ce ralentissement d'activité par inhibition concernera le système sexuel et reproducteur, le système digestif, le système immunitaire.
Il est donc tout à fait normal, en situation de stress, de constater un moins bon fonctionnement de certains éléments de notre organisme : ceci est fait pour au contraire favoriser ceux qui sont le plus nécessaires à la gestion de la situation.

Activation	Inhibition
Cerveau	Système sexuel
	Système digestif
Muscles	Système immunitaire

Ainsi, une situation de pression suffisamment forte et tendant à faire changer un sujet, le mettra en situation de répondre par des modifications hormonales qui orienteront sa réponse par une mobilisation d'énergie dans un sens ou un autre. Au départ, le système est neutre : favoriser la réflexion et l'action. Mais l'expérience ou l'inexpérience, le vécu émotionnel dicteront le sens de sa réactivité.

Il existe une expression en anglais, « fight or flight » qui signifie combattre ou fuir : or à l'heure actuelle, la réponse demandée est de moins en moins physique et de plus en plus psychoémotionnelle. Il ne s'agit plus d'affronter, arme à la main l'animal sauvage que l'on pourra manger ou qui nous mangera, mais de faire face aux situations de changement, de mutation de restructuration, de divorce, etc. Ainsi la sécrétion d'adrénaline et de cortisol dont les cibles sont les muscles et le système cardio-vasculaire, met en fait peu à contribution ceux-ci, puisque notre réponse est beaucoup moins physique aujourd'hui. Du coup, ces systèmes « tournent en sur-régime », un peu comme un véhicule dont le conducteur aurait le pied à fond sur l'embrayage et l'accélérateur en même temps.

Toutefois, certains discours très actuels pourraient nous faire douter d'une telle évolution : si nos ancêtres préhistoriques avaient comme problème principal de choisir entre manger ou de se faire manger, il n'est pas rare aujourd'hui d'entendre les grands patrons de très grosses entreprises affirmer que leur survie est liée à l'absorption de leurs concurrents avant que ceux-ci ne les absorbent… Le monde a-t-il finalement tellement changé ?

Cette brève présentation voulait montrer l'importance du contrôle émotionnel et de la lutte contre la sédentarité lors des situations de stress. Il faut accorder le plus grand intérêt à ses émotions et ne pas les ignorer si on veut les « contrôler » un tant soit peu, parce que ce sont elles qui vont jouer un très grand rôle dans le « bien stresser » ou le « mal stresser » : nous en reparlerons plus loin.

Deuxièmement, ce trop-plein d'énergie libéré par nos mécanisme hormonaux doit s'évacuer par une augmentation de l'activité physique. En effet, l'accumulation « énergétique » liée à l'emballement du système neuro-hormonal ne trouve plus son exutoire physique. Les effets secondaires bien connus des hormones sécrétées en situation de stress peuvent alors s'exprimer : maladies cardio-vasculaires, affections digestives, etc. que nous retrouverons plus loin dans les maladies psychosomatiques.

Notre époque autorise de moins en moins des comportements aussi manichéens : se battre ou fuir, mais notre système n'en reste pas moins ainsi conçu. A nous d'apprendre à l'utiliser au mieux et de la façon la plus nuancée qui soit.

Les situations stressantes peuvent très bien durer depuis plusieurs années, de façon insidieuse, voire inconsciente, avec leurs cortèges de plaintes médicales qui ne sont pas toujours reliées aux causes du stress.

EXEMPLE ▸ *Jérôme, 42 ans, agent de maîtrise dans une entreprise du bâtiment, vient consulter son médecin pour divers troubles très localisés. Il se plaint de lenteur de digestion, de spasmes intestinaux, et ce depuis un an déjà. Il a pris divers médicaments conseillés par sa famille ou ses amis, et avec plus ou moins de succès. En tout cas, rien de durable. Il voudrait bien passer un scanner pour en avoir le cœur net : après tout sa belle-mère a été opérée il y a deux ans d'un cancer du colon…*
Son examen ne montre rien de particulier ou d'inquiétant. Et à la question : « Avez-vous actuellement ou depuis un an d'autres problèmes de santé inhabituels ? », il répond que oui, que l'hiver dernier a été « catastrophique » : rhume sur rhume ! En insistant un petit peu, il finit même par dire qu'il dort moins qu'avant, que son dos lui fait mal, et que sexuellement parlant : « C'est plus tout à fait ça…, mais remarquez… c'est peut-être déjà l'âge… »

2. Les réactions émotionnelles

La réaction de stress est d'autant plus importante que l'émotion engendrée par cet événement est plus forte. (Dantzer)

• *L'émotion peut donc être considérée comme un facteur modificateur d'une situation*

Cette pondération peut se faire de façon positive ou négative. Selon CHALVIN, l'histoire naturelle d'une émotion passe par 4 phases :
charge, tension, décharge, relaxation.

Cette histoire naturelle peut très bien être interrompue à une de ces étapes, plus particulièrement au moment de la décharge qui ne se produit pas. Il est bien connu que dans le milieu du travail, notamment en France, il n'est pas de bon ton de montrer ses émotions...
Cette non décharge entraîne un stockage de l'émotion, sauf malheureusement dans le cas de la joie. Si les circonstances qui ont engendré cette émotion se renouvellent sans décharge émotionnelle adéquate, il y aura accumulation de celle-ci, préjudiciable au sujet. Jusqu'au moment où cette rétention ne sera plus possible, et la décharge sera alors explosive et sans commune relation avec l'événement déclencheur.

Chaque individu possède son propre rythme émotionnel qu'il importe de respecter. Certaines situations peuvent nécessiter un simple report ou décalage de la décharge émotionnelle. Par exemple la colère retenue pour des raisons de savoir-vivre, et expulsée dans un autre domaine (pratique d'un sport, etc.).

Certains sujets sont incapables de reconnaître et de verbaliser toutes leurs émotions. A l'encontre, il existe des sujets qui ressentent et expriment rapidement et bruyamment leurs émotions, notamment la colère.

Tableau résumé de la séquence émotionnelle

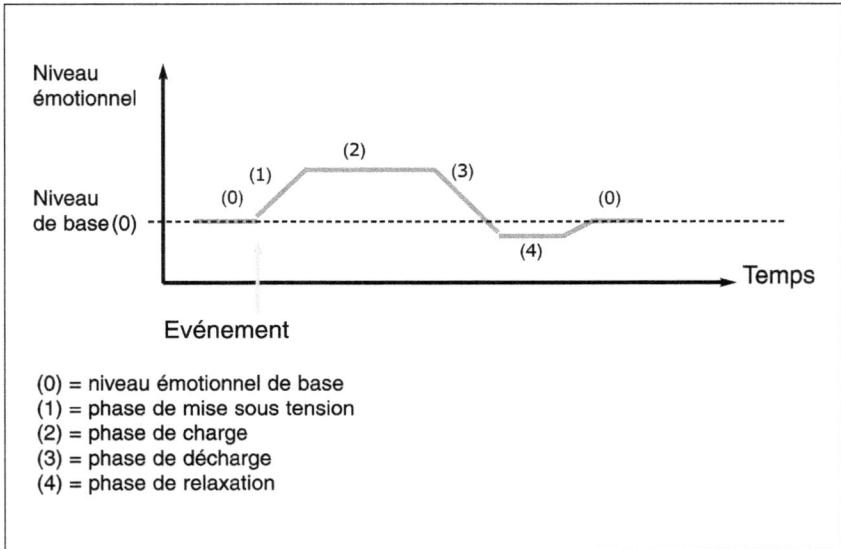

(0) = niveau émotionnel de base
(1) = phase de mise sous tension
(2) = phase de charge
(3) = phase de décharge
(4) = phase de relaxation

Si les émotions sont le plus souvent ressenties consciemment, leur influence sur le stress reste majoritairement inconsciente, et donc peut-être encore plus active. Ce rôle des émotions est fondamental dans l'appréciation, le vécu et l'évolution d'une situation.

À l'inverse de l'action des stresseurs physiques (coup de bâton, virus, bruit, etc.), qui sont parfaitement conscients et durée brève en général, le stress émotionnel est plutôt chronique, au travers d'une situation d'apparence calme, mais génératrice d'éléments mal acceptés, et à terme de conséquences néfastes.

L'émotion libérée engendre une force bien supérieure à celle de la logique rationnelle : elle dirige clairement ou en sous-marin les comportements, et selon sa nature bénéfique ou non pour le sujet, elle l'amène à vivre plus ou moins confortablement une situation et à prendre des décisions favorables ou non pour lui-même.

L'émotion a ceci de paradoxal qu'elle peut être tout aussi bien le moteur du changement que son frein.

L'enthousiasme d'une équipe à l'idée enfin réalisée d'une modernisation des matériels et des locaux permettra un apprentissage facilité des nouvelles techniques qui seront ainsi apportées à cette occasion. A l'inverse, l'enthousiasme d'une autre équipe qui trouve une nouvelle cohésion à défendre ses intérêts contre un projet jugé défavorable, provoquera les effets contraires. Et pourtant, il s'agit à peu de choses près de la même émotion.

• On peut diviser les émotions en deux catégories :

   les **émotions positives** : joie, fierté, soulagement, amour. Elles ont un rôle soit de soutien dans les situations stressantes, soit même d'interruption de celles-ci, soit de restauration des ressources.

   les **émotions négatives** : colère, peur, effroi, anxiété, honte, culpabilité. Elles augmentent l'intensité des réactions de stress.
Il est donc fondamental de connaître l'état émotionnel dans l'analyse d'une situation de stress.

Tableau résumé des différentes émotions

• **positives** : joie, fierté, soulagement, amour, etc.

rôle⟵ soutien dans le stress
interruption du stress
restauration des ressources

• **négatives** : colère, anxiété, honte, peur, effroi, etc.

rôle➤ augmentation de l'intensité du stress

• *Comment gérer ses émotions dans la relation ?*

Nous envisagerons ces couples d'émotions : colère - peur, joie - tristesse, violence - tolérance, plaisir - déplaisir, et nous finirons par deux aspects qui caractérisent nos émotions : la raison et la passion.

La colère renvoie à la non acceptation d'une situation, accompagnée d'un sentiment d'injustice, ou d'atteinte de son image, de son autorité. Cette colère peut être récente ou ancienne et retenue. Toute colère rentrée trouve des substituts, des objets sur lesquels elle se déplace, à défaut de s'être déchargée sur sa véritable cible. Pour en éviter alors l'aspect destructeur, il importe d'en canaliser l'expression, sans l'intérioriser pour autant : parce que la non expression de la colère entraînerait une accumulation se traduisant par des tensions diverses.

Que la colère soit récente ou ancienne, son évacuation s'impose.

Germaine est une future conseillère client d'un opérateur télé-phonique français. Sa hantise est d'affronter la vindicte de ses futurs clients : comment fera-t-elle ? Elle qui ne supporte pas que l'on crie, qui parle toujours d'une voix douce, qui n'aime pas se faire remarquer et qui veut la paix à tout prix, même si c'est son détriment ? En formation, elle parle de son problème, et au cours d'une mise en situation où elle simulait son futur rôle, elle craque au bout de deux minutes devant la pression somme toute modeste de son interlocuteur, le « faux-client » agressif joué par un de ses futurs collègues.

La peur est l'inverse de la colère. La peur est inhibante. L'actualiser, la vivre ne ferait que paralyser le sujet. En par-ler, la dire, revient à la dédramatiser, et à lever l'inhibition.

La peur doit se dire et non s'exprimer dans l'action.

La tristesse, c'est la séparation sans colère. La refouler au nom de principes douteux comme « quand on est un homme, on ne pleure pas » est nocif pour notre équilibre psychologique. Elle participe de cet équilibre avec la joie au même titre que la lumière existe grâce à l'ombre et vice versa. La tristesse doit s'exprimer.

La colère et la peur ne sont pas indispensables à la vie, la joie et la tristesse sont incontournables.

La joie : de toutes ces émotions c'est celle qui doit impé-rativement s'exprimer quand elle est ressentie. Parce qu'elle disparaît quand elle ne sort pas, au contraire de la peur, de la colère et de la tristesse qui restent « en stock ». Vous ne pourrez pas, au moment au vous ressentez cette joie, prendre votre sourire et le mettre dans une poche en vous disant : « Je le ressortirai plus tard, à un autre moment. » Cela ne fonctionne pas !

La joie possède des effets « thérapeutiques » tant sur les problèmes physiques que psychiques en cours.

Violence - tolérance : « Pourrait - on concevoir un être sans violence fondamentale… ? » C'est la question que pose B. CYRULNIK dans son livre *Nourritures affectives*. Selon lui, l'Homme peut se représenter le monde en dehors de toute perception immédiate de son environnement, alors que les animaux associent toujours la perception à la représentation. En clair, vous pouvez préparer votre journée de demain ou une entreprise son plan d'action sur 5 ans ; l'animal ne peut le faire, et ne peut se représenter que ce qu'il voit au moment où il le voit. Ainsi, il ne prémédite pas sa violence éventuelle contre l'autre, et en dehors de situations de déséquilibre mettant en péril la survie de l'espèce, l'animal ne développera pas de violence « irraisonnée ». À l'inverse, l'Homme peut échafauder une construction excluant tout indésirable, parce qu'il élimine de sa pensée le monde de l'autre. « Seule la ritualisation, c'est-à-dire la conception de codes relationnels acceptables pour les interlocuteurs, peut permettre le contrôle de la violence. La violence peut naître alors, soit de la disparition de ces rituels de communication, soit de la tentative de l'un pour s'imposer à l'autre. À quoi servent ces rituels ? À permettre la synchronisation émotionnelle et cognitive entre les protagonistes d'une relation, à leur donner le temps de s'approcher et de se reconnaître, sans dérapages liés à une brutale insécurité consécutive à un sentiment d'intrusion dans son espace vital. Ces rituels ne peuvent être mis en place et efficaces que si la distance est bonne, ni trop grande ni trop proche ».

D'autre part, cette violence peut être aussi créatrice, renversant un système établi pour en amener un autre. Sans bouleversements, nous serions condamnés à un ordre immuable et très vite mortifère. Alors, il faut sortir de son monde personnel et accepter d'abord l'existence d'autres mondes avant d'envisager la coexistence qui ne se fera que sur la tolérance. Celle - ci sera issue des rituels relationnels qui donnent le temps de la connaissance et participent à la régularisation des échanges, tout en autorisant la confrontation, voire des actes défoulatoires. L'évacuation de la violence doit pouvoir se faire dans des activités non dangereuses pour soi ou pour l'autre, dans des dérivatifs adaptés.

La violence procède alors de l'intolérance, c'est-à-dire de l'incapacité de sortir de son propre monde de représentations.

Plaisir - déplaisir : il est de bon ton, en France en tout cas, que travail soit associé à mauvaise mine voire mauvaise santé. Il est même suspect quelquefois d'arriver au travail de bonne humeur.

Certains mesurent le travail non au résultat, mais au degré de fatigue provoqué par celui-ci : plus elle est grande, plus on a travaillé ! Bref, pour nombre de personnes, il y a deux temps dans la journée : celui du travail lié au déplaisir, et le reste lié si possible au plaisir. Or, le plaisir est un formidable moteur pour concevoir et produire, pour accompagner les changements et qui fait avancer les hommes. On peut espérer que les mutations du monde du travail qui nous attendent ne se dérouleront pas que sur les métiers mais aussi sur la façon de les vivre.

Le plaisir est le meilleur facteur de mobilisation qui soit.

Raison - passion : Nous aborderons maintenant ces deux derniers aspects de l'affectivité de l'individu, parce qu'ils regroupent tous les autres.

Dans le milieu du travail, on assiste souvent à un investissement si ce n'est passionnel, du moins contenant une forte charge affective et émotionnelle des salariés dans leurs relations. Que ce soit dans celles qu'ils peuvent avoir avec la clientèle, leurs collègues ou la hiérarchie, elles sont chargées d'émotions souvent mal contenues, d'impli-cations qui vont au-delà de l'humanisme professionnel que l'on est en droit d'attendre. On ne va pas travailler pour se faire aimer ou détester. Or, pourquoi les choses prennent-elles cette tournure ? Parce qu'il apparaît de plus en plus évident qu'il y manque un élément fondamental de toute relation humaine de qualité : le respect mutuel.

Il faut désaffectiver sans les déshumaniser les relations professionnelles.

EXEMPLE *La société X, PME d'une centaine de salariés, vit depuis plusieurs semaines une situation tendue : depuis sa création elle n'avait jamais connu de grèves, et subit brutalement les soubresauts d'abord sporadiques puis de mieux en mieux organisés de ses salariés mécontents. Protestations verbales, puis grèves courtes mais successives, ils ont franchi un pas de plus en prenant en otage quelques cadres de la Direction pendant plusieurs heures. Les motivations reposent sur les salaires insuffisants, mais aussi et surtout sur le manque de respect de cette Direction vis-à-vis des personnels : ceux-ci, en majorité des femmes, affirment être régulièrement humiliés, et déplacés comme des objets sans raison apparente autre que vexatoire.*

• *Conclusion*

Plus la charge émotionnelle sera forte, plus le stress sera intense soit « positivement », soit « négativement ».

Notre équilibre relationnel et nos capacités de créativité dépendront de l'équilibre entre passion et raison. De cet équilibre, la volonté, pourra exercer sa pleine efficacité dans deux directions possibles :

soit maintenir le cap contre les difficultés rencontrées,

soit, au contraire, pour renoncer quand l'objectif devient inaccessible.

En situation de relation socio-professionnelle, il est nécessaire de reconnaître ses émotions, et même d'admettre ses tendances habituelles. Certaines pourront s'exprimer intégralement et immédiatement. D'autres seront différées dans le temps. Enfin, pour certaines, il faudra recourir aux voies de la sublimation, c'est-à-dire à l'utilisation de moyens d'expression permettant de détourner vers des actes socialement acceptables des sentiments qui ne le seraient pas s'ils étaient montrés tels quels. Par exemple dans la pratique des arts.

En d'autres circonstances, les émotions positives pourront même servir d'appui et de renforcement du comportement lors de situations de changement. Elles devront être encouragées comme autant de ressorts favorables au déroulement de ces situations pourtant stressantes.

Il peut arriver que la pleine reconnaissance et l'acceptation de ses émotions, surtout si elles sont particulièrement fortes ou à déclenchement inapproprié ne suffisent donc pas. L'apprentissage de techniques (relaxation, yoga, sports de combat, expression corporelle, théâtre, etc.) peut s'avérer alors fort utile.

Enfin, le milieu du travail ne devrait pas être un lieu de « non-dit émotionnel » comme il existe des lieux de non-droit. Leur prise en compte devrait être systématique, tant dans les périodes de formation, que dans celles de n'importe quel changement, en insistant sur celles qui vont dans le sens constructif car elles seront le meilleur moteur qui soit. Cette prise en compte passe par le respect mutuel des acteurs sociaux entre eux, quel que soit leur niveau sur la ligne hiérarchique. Et à l'intérieur de celle-ci, comme dans la relation avec le client, c'est-à-dire finalement dans ces relations qui arrivent en tête du « hit-parade des occasions de stresser », il importe d'éviter ces comportements où l'interlocuteur n'est plus un sujet, mais un objet ; objet instrumentalisé par le pouvoir de l'autre en vue uniquement de satisfaire ses propres buts.

EXEMPLE

Véronique, 28 ans, responsable du Service Après-Vente d'une filiale étrangère implantée en France, est en conflit larvé avec sa direction : elle ne comprend pas qu'on lui impose d'être présente le mercredi matin, alors que tout s'est toujours bien déroulé malgré son absence jusqu'à présent. Elle fulmine mais n'en laisse rien paraître, du moins au travail... En revanche, elle claque rageusement les portes, et offre à son entourage familial un visage maussade et renfrogné. Elle n'a jamais été à l'aise devant son supérieur qui lui en impose très facilement, et d'ailleurs, elle appréhende toujours ses « visites surprise » dans le service. Sa motivation en prend un coup, elle qui s'était jetée à corps perdu dans ce travail qui la passionne : elle maîtrise très bien les situations de tension avec la clientèle insatisfaite ! Et voilà même son eczéma qui repart de plus belle... Exactement comme quand elle a perdu sa mère, il y a un an et demi, et qu'elle n'est pas arrivé à pleurer à ce moment-là...

3. Les réactions comportementales

• *Les premières approches*

À la suite des travaux des biologistes, deux auteurs, ROSENMANN et FRIEDMANN suivis par d'autres, ont proposé une classification des « personnalités du stress ». Et ceci présente un double intérêt :

1. déterminer de véritables terrains individuels avec leur façon propre de stresser, donc une typologie qui permette un certain degré de prédictibilité comportementale d'une part,

2. et trouver un lien et un certain degré de prévision entre conséquences biologiques du stress et conséquences pathologiques, c'est-à-dire : selon les décharges hormonales que l'on vit en situation de stress, quels sont les risques pour notre santé ?

La toute première classification discriminait un groupe de personnes parmi la population étudiée :

    - Le type A, dont la particularité biologique est d'utiliser préférentiellement son système adrénergique en situation de stress, donnant alors une personnalité extravertie, hyperactive et ayant sur le plan santé une prédisposition aux maladies cardio-vasculaires.

Puis, cette approche s'est enrichie de deux autres catégories :

    - Le type C, utilisant préférentiellement le système du cortisol, introvertis et passifs, et paraissant fragile sur le plan immunitaire, digestif.

    - Le type B, groupe intermédiaire ayant à priori une bonne gestion du stress, avec des réponses équilibrées dans tous les domaines.

L'expérience a montré depuis qu'on ne peut résumer à seulement trois catégories les différentes personnalités, parce que :

1. rares sont les individus « purs » dans un type donné : ce sont souvent des sujets majoritairement d'un type mais avec des touches des autres types,
2. la catégorie B regroupe en fait plusieurs sous-types.

• *Aussi, peut-on proposer une classification un peu différente*

Tout d'abord, il semble préférable de parler de réponses comportementales plutôt que de personnalité, les caractéristiques retenues étant incomplètes pour couvrir suffisamment de facettes d'une personnalité. D'autre part, il paraît plus juste d'avoir une approche dynamique et comportementale de situations stressantes dans la mesure où il s'agit d'analyser actions et réactions.

Retenant des critères plus complexes que dans les premières approches, il est possible de discriminer 3 types principaux et 8 sous-types dont la présence ou l'absence à des degrés divers permet de proposer une catégorisation des Réponses Comportementales en situation de Stress (R.C.S.).
Vous pourrez essayer d'identifier à quel type vous semblez ressembler le plus. En fin de chapitre, un tableau résumera les caractéristiques de ces différentes RCS.

Des RCS de type EA : Expressivité Action comparable au type A, et **deux sous-types EA + et EA- :** Les réponses sont excessives, extériorisant les tensions. Elles présentent des caractéristiques d'agressivité, d'ambition et semblent manquer constamment de temps. Elles signifient un goût pour la réussite, la compétition, et manifestent une certaine hostilité latente dans ses comportements.

Nous y ajoutons l'intolérance aux frustrations de la vie. Les conséquences se font sentir au niveau de l'entourage qui supporte cette extériorisation chronique, et au niveau de l'individu lui-même, qui pourra développer des affections plutôt de type cardio-vasculaire. Il est possible de différencier en deux sous-groupes EA + et EA -, en fonction de l'intensité ses signes retrouvés.

EXEMPLE *Ce patron de société, Francis que nous avons déjà vu. Il recherche l'agrandissement de son entreprise, mais plus encore le jeu que cela représente et certains diraient « qu'il se shoote à l'adrénaline ». Le fair-play n'est pas sa tasse de thé, et il peut même devenir carrément agressif. Sa réponse quand on le lui reproche ? « N'y voyez rien de personnel : ce sont les affaires ». Il vit à cent à l'heure, n'a jamais le temps quoi qu'on lui demande, et ne supporte pas d'échouer. Heureusement, il ne fume pas, ne boit que de l'eau et n'a pas d'antécédents cardiaques dans sa famille. Sinon la probabilité de maladie de cœur aurait été très élevée chez lui.*

Des RCS de type I.E. : Intériorité Émotion, comparables au type C, et **deux sous-types IE1 et IE2**. Ces RCS visent à intérioriser la réponse au stress. En se dominant à outrance, le sujet donne l'apparence d'un calme qui masque en fait une souffrance intérieure, dont les retentissements, en terme de pathologie, se font essentiellement au niveau digestif (pour la partie somatique), et au niveau psychique (anxiété, dépression). Les problèmes liés au stress ne sont pas résolus, mais transférés sur le mode d'un conflit interne entre l'individu et lui-même. La tolérance aux frustrations n'est ici qu'apparente. Sous des aspects agréables, de nature coopérante et cherchant l'harmonie, le sujet ressent en fait un sentiment d'impuissance pouvant aller au désespoir, et l'expression de ses émotions comme la colère est impossible. Nous distinguons aussi des sous-types **IE1** et **IE2**.

IE1 = il s'agit de sujets qui ont appris d'une certaine manière par l'éducation (au sens large du mot) qu'ils ont reçue, à renoncer à leurs ambitions, à se sous-estimer et à se croire incapables de résultats.

> EXEMPLE
>
> *Vous connaissez sûrement ce genre de personne qui dit tout le temps : « Oh! ça c'est pas pour moi, je n'y arriverai jamais. » Il se considèrent plus ou moins froidement comme des loosers (des perdants, en anglais), se plaignent de la médiocrité de leur vie, aspirent à mieux, mais s'interdisent de le faire parce qu'ils n'auraient finalement pas les moyens d'y arriver. À ne pas confondre avec ceux qui décident de ne pas aller plus loin ou plus haut, parce que connaissant leurs limites et appréciant leur situation actuelle, ils font leur choix d'en rester là, mais sans frustration.*

IE2 = concernent des sujets essentiellement « anti-émotifs ». C'est l'expression des émotions qui est en cause : ils s'interdisent de les montrer. Ce qui ne veut pas dire qu'ils n'en ont pas.

> EXEMPLE
>
> *Nous repensons à Evelyne vue au début de ce chapitre : elle vit en paix avec tout le monde et ne se laisse pas déstabiliser. Apparemment, c'est ce type de personne qui va bien, et même qui pourrait attirer ceux qui ne vont pas bien : inspirant confiance, calme et pacifique. Et puis un jour, sans prévenir, elle peut craquer à la surprise générale : « Comment? Elle si tranquilleet sereine? »*

Les RCS de type IA : Intégratif Adaptatif, comprenant un sous-type comparable au type B, **le sous-type IA vrai, et trois autres sous-types tout à fait différents.**

IA : vraisemblablement rare à l'état pur. Ces sujets possè-dent un regard équilibré sur eux-mêmes et leur environ-nement. Ils gèrent avant tout leurs émotions sans les nier ni les combattre, ni se laisser envahir et diriger par elles.

Leur expression et leur réactivité vise à la meilleure straté-gie possible avec le moins de dépenses énergétiques possibles. Ils acceptent parfaitement que la vie ne leur permette pas forcément la réalisation de tous leurs désirs, et se trouvent de ce fait tolérants aux frustrations.

Puis on rencontre trois catégories intermédiaires :

IAs : serait « situationnel » en fait, c'est-à-dire subissant les situations, il adopte tantôt un profil **EA**, tantôt **IE**.

EXEMPLE

En fonction des circonstances, ces personnes adoptent un profil ou un autre : ainsi Sylvain est un introverti au travail, donc de type IE apparemment. Il ne se fait jamais remarquer, ne conteste rien et n'exprime pas de réactions émotionnelles particulières. Mais à la maison, il change totalement d'attitude : coléreux, il exerce une domination sur son épouse à qui il fait même un peu peur. D'ailleurs enfant, il tyrannisait sa mère alors que les voisins et ses professeurs s'extasiaient sur sa gentillesse…

IAe : serait « évolutif « c'est-à-dire un **EA** en train d'évo-luer vers **IE**. Ce profil réduirait l'activité adrénergique au profit du système HHS (axe hypothalamo-hypophyso-sur-rénalien), sans pour autant en tirer de vrais bénéfices. On peut le comparer à un extraverti que la réalité de sa vie aurait amené à plus de modération : un extraverti rentré, sans pour autant que ce soit signe de sagesse et de philo-sophie.

EXEMPLE

Jacques a toujours été un battant. Profession libérale, grosse clien-tèle, il travaillait au moins 50 heures par semaine et s'inquiétait

toujours à chaque fois qu'un confrère s'installait pour le concur-
rencer. Mais depuis 3 ans, après le cap de ses 45 ans, il a réduit
son rythme de vie : pratiquement plus de déplacements, il rentre
le plus tôt possible à la maison le soir. Il a pris du poids, est devenu
plus renfermé. Ses enfants se moquent un peu de lui d'ailleurs :
ils vont plus vite maintenant en tout, mais lui ne se soucie pas
d'être un peu désacralisé. Sa femme est partagée : d'un côté elle le
trouve plus « accessible », mais de l'autre elle regrette cette époque
où il décidait de leurs activités extérieures et où il l'entraînait avec
son enthousiasme. Elle comprend quand même ce qui lui arrive :
son meilleur ami est mort d'un infarctus foudroyant il y a trois
ans : surmenage, tabac… Alors Jacques, qui a vécu un choc émo-
tionnel fort, a décidé de lever le pied comme on dit.

IAa : serait « évolutif », c'est à dire suivrait le chemin
inverse du précédent : un **IE** en train d'évoluer vers **EA**.
Cette fois-ci, c'est le système adrénergique qui prend le pas
sur l'autre, et l'introverti qui devient réactif. Là aussi, il
s'agit plus d'un passage d'un extrême à l'autre, que d'une
véritable attitude médiane de type **IA** pur.

EXEMPLE *Claire, 24 ans, fut une élève puis une étudiante brillante et très*
sage. Douce, docile et même renfermée, elle écoutait et faisait
ce qu'on lui disait de faire. Peu sportive, mais pas pantouflarde,
elle dormait raisonnablement et ne commettait aucun excès ni
alimentaire ni autre. Elle était recherchée pour la tranquillité
qui se dégageait d'elle et parce qu'elle avait horreur des histoires
et des conflits. Bref, une vraie vie de petite fille modèle qui fai-
sait la satisfaction de ses parents, et un avenir tout tracé d'in-
génieur. Et puis Frédéric est arrivé comme un tourbillon dans
sa vie : fini la sérénité et la sédentarité, avec au contraire
voyages et expériences sportives extrêmes. Et du même coup,
fini l'avenir d'ingénieur : elle se prit de passion pour la cuisine
exotique au cours de ses voyages, et même si son histoire

d'amour n'a pas duré, elle a ouvert toute seule un restaurant mexicain, envisage d'en faire un lieu « étudiant très branché » avec bar, boîte à musique, etc. : elle n'arrête plus !

Il n'est pas encore établi de corrélation entre ces RCS et certaines pathologies. On peut raisonnablement penser que les risques cardio-vasculaires restent prépondérants chez les individus du type **EA**, tout comme les **IA** « vrais » auraient certainement un profil « protecteur » vis-à-vis des maladies. Enfin, ceux du type **IE** auraient des conséquences pathologiques comparables à celles du groupe C.

• *Conclusion*

Une situation stressante va déclencher une réponse hormonale dont la pré-programmation du sujet concerné, fait de lui une personnalité plutôt prédisposée à une forte réaction extériorisée ou au contraire une intériorisation du problème.
Ce statut hormonal prééxixtant à toute stimulation n'est pas totalement figé, et peut évoluer en fonction des situations rencontrées, de l'expérience capitalisée, et des efforts fournis.

Il n'en reste pas moins que chaque individu est porteur de ce que nous pourrions appeler des « tendances lourdes », que l'on retrouve plutôt stables au fil de son existence.

Plutôt que de cataloguer un individu en « bon » ou « mauvais profil », il importe plus d'identifier ce profil avec ses potentialités et ses limites, pour qu'il puisse ensuite optimiser son développement dans un environnement qui lui sera favorable.

	E.A.	I.E.	I.A. vrai	I.A. situationnel	I.A. e	I.A. a
Caractères généraux	Extériorisation, agressivité	Intériorisation, impuissance, culpabilité	ÉQUILIBRE	Alternance des aspects E.A. et I.E.	Réduction de l'aspect « extériorité »	Augmentation de « l'extériorisation »
Caractères biologiques	Adrénaline	Cortisol	ÉQUILIBRE	Alternance association	Réduction du système adrénergique	Augmentation du système adrénergique
Tonus vital	+	-	ÉQUILIBRE	Alternance	+/- ◂	+/- ◂
Psychisme	Extraverti	Introverti	ÉQUILIBRE	Alternance association	Extraverti rentré	Introverti réactif
Symptômes les plus fréquents	Hyperactif, insomnie du coucher, troubles cardiovasculaire, allergies	Hypoactif, fatigue, insomnie du matin, troubles digestifs	ÉQUILIBRE	Alternance association	Augmentation des signes de la série I.E.	Augmentation des signes de la série E.A.
Maladies les plus fréquentes	Maladies coronariennes, allergies ?	Maladies infectieuses, maladies digestives, cancers ? dépressions ?	ÉQUILIBRE	Alternance association	Passage aux affections de la série I.E. ?	Passage aux affections de la série E.A. ?

162

LES IDÉES « PHARE »

L'état de stress (au début) favorise le fonctionnement du cerveau et des nos muscles : *c'est-à-dire réflexion et action au détriment d'autres fonctions de l'organisme.*

La qualité de nos émotions conditionne l'intensité du stress : *elles peuvent soit en réduire l'intensité (émotions « positives »), soit l'augmenter (émotions « négatives »).*

Il ne s'agit pas d'extérioriser en permanence ses émotions, ni de les réprimer constamment : *mais de les diriger sans qu'elles ne nous dirigent.*

Retour sur les exemples

Evelyne et Jean sont très différents, et manifestement, Jean a un caractère EA (extraverti) et Evelyne IE (Introvertie). Pourtant, malgré leurs différences ils s'entendent apparemment bien et semblent assez heureux dans leurs vies respectives. Toutefois, Jean se plaint et a déjà consulté un cardiologue pour des douleurs dans la poitrine qui sont pour l'instant bénignes. Quand à Evelyne, elle prend régulièrement des pansements gastriques pour ses brûlures d'estomac, et se plaint « d'attraper assez facilement tout ce qui passe ». On a ici deux personnalités bien marquées, qui déterminent deux types de comportements et attitudes diamétralement opposés en situation de stress : la preuve, leur réaction face aux P.V. sur leurs pare-brise. Mais aucun n'a une meilleure gestion du stress que l'autre.

Jérôme présente quasiment tous les symptômes physiques de quelqu'un de stressé.

Systèmes activés :

son cerveau : il dort moins parce qu'il gamberge,

et ses muscles : ses douleurs dorsales relèvent des tensions musculaires paravertébrales.

Systèmes inhibés :

digestif : il digère péniblement et douloureusement (là aussi spasmes musculaires), immunitaire : baisse de ses défenses contre microbes et virus,

sexuel : ce n'est pas l'âge mais bien son énergie qui est mobilisée ailleurs…

Tout ceci ne doit pas conduire à sous-estimer quelque chose de plus grave qui pourrait très bien se « camoufler » derrière ce tableau de souffrance fonctionnelle : les examens ne révéleront rien d'important, et la résolution du problème qui le stressait permettra à tous ses troubles de disparaître comme par enchantement.

Germaine a malgré ses craintes débuté son travail pour se rendre compte que paradoxalement, c'est de sa propre colère qu'elle avait peur. *Au premier client agressif au téléphone, elle a senti monter en elle cette bouffée qu'elle ne connaissait pas et qui a failli la dépasser : mais comme elle en avait parlé en formation, elle a pu la comprendre et la contrôler pour s'extérioriser ensuite de manière acceptable pour tous. Maintenant, c'est elle qui gère les cas difficiles que ses collègues ne peuvent assumer.*

La Société X a fait l'objet d'un pression syndicale, médiatique puis d'une action juridique qui a mis en évidence le comportement inhumain du responsable du personnel et du Directeur : harcèlement moral, vexations, brimades, bref l'arsenal des mesures humainement dégradantes qui visent à diriger par la peur et pire encore : une forme d'avilissement où l'autre ne se sent plus un être humain normal et en devient encore plus malléable.
Véronique s'exprime avec des maux plutôt qu'avec des mots. Elle fait de l'eczéma ou « brutalise » le matériel plutôt que de dire ce qui ne va pas. D'ailleurs, elle ne s'est jamais entretenue avec ses collègues de travail de la crainte irraisonnée que lui inspire leur directeur : elle qui n'a peur de rien d'habitude… Elle réprime sa peur comme étant inadmissible, refuse de l'admettre, et du coup, défoule sa colère qui ressemble fort à de la rage sur des substituts : portes, meubles, etc. Sylvie s'épuise à vouloir garder pour elle ce qui s'exprime finalement d'une autre manière, qui n'est (pour l'instant) pas trop grave. Il faut dire à sa décharge, qu'elle a été la seule fille au milieu de cinq garçons et tous les six élevés à la dure… Il n'empêche qu'elle doit apprendre à exprimer certaines facettes qui font partie intégrante de sa vraie personnalité : contrairement à ce qu'elle pense, cela ne la rabaissera pas, mais au contraire lui apportera trois avantages, le soulagement de certaines souffrances physiques, la découverte d'autres richesses émotionnelles, et une meilleure gestion de ses relations donc du… stress !

Les conséquences du stress

Marie, 45 ans, mère de deux enfants et femme au foyer, sollicite un rendez-vous pour son mari Georges, auprès de son médecin :

— Docteur, il souffre depuis tellement longtemps de son ventre, et on a tout essayé, sauf l'homéopathie. Comme vous la pratiquez…

— Bien sûr… Il travaille je crois ? Disons… Lundi à 18 heures ?

— Oui, Lundi ça ira.

Nous sommes en 1992 (la date est importante pour la suite), et Marie est ce qu'on appelle un « petit bout de bonne femme très énergique » : toujours pressée, toujours en retard… Elle s'active beaucoup, et régente son petit monde avec une certaine bonne humeur apparente · famille, vie associative, etc.

Ce Lundi soir, le médecin voit entrer dans son cabinet, derrière Marie, un Georges un peu intimidé et qu'il ne connaît pas : 1,80 mètre, au moins 100 kg ! Une armoire à glace derrière cette énergique femme mais bien frêle à côté de lui ! Une fois assis, ils lui remettent les nombreux examens que Georges a subis, et qui concluent tous par : « colite spasmodique », « colon irritable », et même « colite nerveuse » : bref pas de cancer. Il a tout essayé comme traitement, avec plus ou moins de bonheur, mais jamais durablement.

> — *Bien, finit par dire le médecin, quel est votre profession ?*
> — *Ingénieur, répond Marie*
> — *Et vos antécédents médicaux ?*
> *Et c'est encore Marie qui tente de répondre. Mais le médecin l'interrompt :*
> — *Je préfère que ce soit lui qui me le dise, dit-il avec un sourire à cette femme qu'il connaissait assez bien, Alors Georges, reprenons depuis le début : comment cela a-t-il commencé ?*
> *Et Georges part dans ses souvenirs pour reprendre l'historique de sa maladie.*
> — *Eh bien Docteur, c'était il y a 20 ans, je me rappelle très bien de la première fois… et il raconte cette première fois où il fallu appeler le docteur en pleine nuit pour lui faire une piqûre, puis d'autres plus récentes, où il fut moins inquiet et plus habitué…*
> *Et tout d'un coup, le médecin pris d'une idée, l'interrompt :*
> — *En quelle année vous-êtes vous mariés ?*
> — *En… 1972. Pourquoi cette question demanda Georges ?*
> *Marie, elle, réalise tout de suite…*

Après avoir vu quelles étaient les **réponses** que n'importe quel individu met en place en situation de stress, ce chapitre va nous permettre d'aborder ce qui est le plus souvent confondu avec le stress : ses **conséquences**, tant au sujet de l'individu que de la socio-organisation à laquelle il appartient.

Elles sont de deux ordres :

celles qui ne relèvent pas du pathologique, mais de la situation de stress elle-même pendant qu'elle se déroule,
celles qui découlent d'une situation de stress pathologique, c'est-à-dire où le sujet n'a pas réussi son adaptation.

Quelques mots encore sur les conséquences néfastes du stress sur les organisations

1. Conséquences pour l'individu

L'individu soumis à une demande qui tente d'induire chez lui un changement, voit s'offrir à lui cinq voies possibles (revoir tableau chapitre 2 de la première partie) :

• *Première voie possible : gérer son stress, s'adapter et réaliser la demande*

Il change et participe auchangement, s'inscrivant dans une spirale qui faitde lui un être évolutif.

La phase d'adaptation ne s'est pas forcément faite dans la douceur. Notre sujet a pu ressentir divers troubles physiques et psychiques, mais sans gravité ; on y retrouve pour l'essentiel les deux sphères d'influence neuro-hormonale vues précédemment :

Activation circulatoire à visée cérébrale et musculaire, avec éventuellement palpitations, hausse de la pression artérielle, crispations et tensions musculaires, perturbations du sommeil, anxiété modérée, etc.

Inhibition des activités sexuelles, des activités digestives (troubles de la digestion divers et variés), des défenses immunitaires (petites infections respiratoires ou autres).

Le sujet a intégré le changement, et après un phase d'apprentissage plus ou moins longue et facile, il répartit les procédures acquises en deux catégories :

1 celle des nouveaux automatismes moins dépensiers en énergie d'une part,

2 et celle des actions contrôlées qui nécessiteront plus d'attention et de concentration.

La réalisation de l'objectif amène sédation et disparition des troubles constatés, la pression étant retombée.

La répétition de telles situations peut entraîner un effet cumulatif sur les effets neuro-hormonaux et psychiques du stress, et fragiliser à la longue notre sujet.

EXEMPLE *Prenons l'exemple de deux personnes roulant en voiture de A à B distants de 90 km, avec le même véhicule et la même vitesse : 90 km/h. Elles mettront toutes les deux le même temps, soit une heure. Mais si l'une d'elles roule en 5e vitesse et l'autre en 3e, la dépense énergétique et l'usure des mécaniques ne seront pas les mêmes. A résultat identique, au bout d'un certain temps certains sujets sont lessivés pour des situations comparables en apparence ; leur sensibilité de départ, et surtout leur façon de voir et de vivre les événements les ont épuisés avant terme.*

• Deuxième voie : blocage sans adaptation ni autre évolution

On assiste alors à une situation où l'individu pris dans une demande qu'il ne peut assumer se trouve sous la contrainte de la non réalisation de celle-ci, en même temps que sous la pression de l'énergie qu'il déploît sans résultat efficace.

Cette situation intermédiaire se caractérise médicalement par des plaintes formulées par des patients qui ne peuvent plus s'adapter, mais qui n'ont pas développé de véritable pathologie. Ils rentrent dans le cadre de troubles fonctionnels que l'on définit par l'absence de lésions organiques décelables par les moyens actuels de la médecine. À savoir :

troubles physiques : d'abord la fatigue, qui n'est pas toujours avouée, ou même camouflée par une hyperactivité compensatrice et qui referme le cercle vicieux, douleurs diverses et variées, touchant n'importe quel niveau de l'organisme, douleurs digestives, intercostales, céphalées, rhumes, états grippaux, etc., mais les bilans médicaux pratiqués restent négatifs ou très bénins.

troubles psychiques : troubles du comportement comme agressivité, nervosité, troubles du sommeil soit par excès soit par défaut, troubles du comportement alimentaire avec son corollaire de prise ou de perte de poids, consommation élevée de tabac, d'alcool, de… chocolat, et quelque fois de substances pires.

troubles sexuels : baisse de la libido, des capacités et performances sexuelles.

En général, si ces plaintes sont formulées, elles ne sont pas toujours rattachées par le patient à son contexte de stress. Il peut soit incriminer effectivement le stresseur, et le charger de toutes les responsabilités, soit ne faire aucune relation entre stresseur et souffrance et chercher une cause ailleurs. Il exclut alors toute responsabilité personnelle, se considérant comme victime à 100 %, et n'estimant avoir aucune co-responsabilité dans sa situation.

EXEMPLE *Jean-François, 50 ans, vit très mal le décès de sa mère survenu il y a plus de deux ans. Célibataire, il travaille dans la petite PME de sa ville, et consacrait à sa mère tous ses week-ends et loisirs. Mais depuis qu'elle est décédée maintenant, il consulte régulièrement son médecin pour des troubles divers concernant l'estomac, les intestins. Il harcèle son médecin pour faire et refaire des examens. Il lit beaucoup de revues de vulgarisation médicale, et lui parle de toutes les dernières découvertes en matière de microbes, de radios ou de bilans sanguins. Il voudrait être sûr de ne pas avoir de cancer, et ne serait pas loin d'être persuadé qu'il y a en lui un virus que ses bilans n'ont pas réussi à dépister.*

Il cherche des causes externes (microbes, pollution, l'autre, etc.) qui seraient seules responsables de son mal-être, ou des examens qui montrent que « ça ne vient pas de lui » et qui trouvent quelque chose à soigner, enlever. Il exclut le facteur « personnel », créant un raccourci entre l'agresseur et sa souffrance, une relation directe de cause à effet.

Dans le cadre de la consultation médicale, la demande porte sur des bilans répétitifs, vitamines et fortifiants pour encore plus de force et de résistance. Mais les examens seront négatifs puisque les troubles sont fonctionnels, les médications quasi inefficaces et la déception à la hauteur des espoirs mis dans le progrès médical.

Il n'est pas question de nier la souffrance bien réelle, mais de la détacher de ses causes imaginaires pour la ramener à sa véritable source, en mettant en évidence tous les chaînons de la relation et en faisant la part des responsabilités.

Même si on arrive à faire prendre conscience à la personne qui souffre que ses symptômes sont reliés à la fois à « son stress » et à sa façon de le vivre, la responsabilité en sera alors souvent rejetée sur le coupable apparent, celui ou l'objet qui est à l'autre bout de la relation : le stress, c'est « l'agresseur ». Nous savons déjà que cette affirmation n'est que très partiellement vraie.

Il n'est bien sûr pas obligatoire que toute la panoplie des troubles soient présente : chaque sujet présente une sensibilité personnelle qui l'amènera dans un type de réponse qui lui est propre, même s'il existe des éléments comparables avec d'autres.

• Troisième voie possible : échec et sortie du circuit

L'adaptation ne peut se faire dans le sens de la demande, soit parce qu'elle est trop forte, soit parce que la gestion du stress engendré est mal faite, soit parce qu'il y a eu accumulation, et le sujet choisit la fuite.

Il s'agit de démission, d'abandon non pas au sens de fuir ses responsabilités, mais de celui de reconnaître qu'il n'est pas à la bonne place pour lui et les autres, et qu'il choisit de s'orienter ailleurs pour y exercer ses qualités dans un environnement plus propice. Ce faisant, il réduit le risque d'aggravation des troubles qu'il pouvait ressentir.
Notre éducation donne malgré tout une coloration culpabilisante à de tels choix, et les rend souvent difficiles à faire.

EXEMPLE

Nous repensons ici à Bernard, le brillant mécanicien qui avait voulu monter sa propre affaire, et qui se rendant compte de son incapacité à la gérer, fit marche arrière pour revenir à une activité professionnelle plus conforme à ses potentialités. Cela lui a évité des complications sur tous les plans : professionnel, financier et familial. Toutefois, si son conjoint avait eu beaucoup d'ambitions, en tout cas de l'ambition à sa place, les choses auraient été beaucoup plus compliquées : renoncer à son projet et se mettre à dos sa femme avec le risque de la voir partir, ou persévérer pour lui être agréable et ne pas la perdre ?

• Quatrième voie possible : se retourner contre le stresseur

Notre sujet ne peut s'adapter à la demande, mais ne peut se résoudre à trouver une nouvelle voie constructive pour lui : il fait disparaître ce qui cause selon lui son problème. Cela va du plus simple, couper son téléphone pour ne plus être dérangé, jusqu'au plus grave comme la suppression pure et simple d'un être humain.

EXEMPLE ▸ *Le théâtre, la littérature… et les journaux aussi, sont remplis d'histoires et de drames où les jaloux font disparaître ni plus ni moins la cause de leurs tourments, forts de leur sentiment d'être « propriétaires » de l'objet de tous leurs émois amoureux… Nous n'en dirons pas plus.*

• Cinquième voie : à défaut des solutions précédentes, la dérive pathologique

On peut appeler ainsi l'ensemble non exhaustif d'affections qu'un sujet peut développer en situation non pas de stress, mais d'excès de stress, quand il ne peut ni réaliser la demande, ni partir, ni supprimer les causes.

Quelles sont alors les conditions requises pour que s'installe cette dérive pathologique ? En premier lieu, il faut un environnement d'où émergera la demande (source) qui doit être en qualité et quantité suffisantes. Mais cette condition indispensable n'est pas univoque. Par exemple en cas de grippe même massive, tout le monde n'aura pas la grippe.

Il faut une prédisposition d'organe (cible) à développer une pathologie. Mais là encore, si la conjonction d'un stresseur et d'organes cibles est réunie, elle n'est pas suffisante.
Le lien entre la source et la cible sera construit en fonction du vécu personnel de la situation, qui est lui-même fonction de facteurs innés (hérédité) et de facteurs acquis (éducatifs) constitutifs de notre conscient et de notre inconscient.

Ce vécu agit comme un contrôle qui autorise (ou non), en fonction de données emmagasinées depuis le début de notre existence, le déroulement d'un processus pathologique (S. BONFILS). Il existe en effet des procédés de défense, pouvant intervenir sous forme réflexe, qui peuvent empêcher la survenue d'une affection. Par exemple, l'idéalisation de la défense de la Patrie peut amener à supporter des conditions de guerre sans dommages physiques et/ou psychiques. La fuite, l'intellectualisation dans le sens d'une évacuation des aspects émotionnels d'une situation, l'entraînement, sont aussi des processus de défense permettant de supporter sans difficultés des états de tension hors de portée du commun des mortels.

Cette dérive pathologique se présente sous trois voies possibles :
- Maladies et affections fonctionnelles
  ou psychofonctionnelles
- Maladies et affections psychosomatiques
- Maladies et affections psychiques

Les pathologies fonctionnelles

On appelle maladie fonctionnelle ou psychofonctionnelle, toute affection pour laquelle, dans l'état actuel des connaissances médicales et de la science, il n'est pas possible de mettre en évidence un support ou une cause organique, et dont l'étiologie peut reposer sur des facteurs psychoémotionnels mais non obligatoirement.

Un sujet peut très bien déclencher une crise de colite (douleur et inflammation bénignes du colon) pour des raisons purement alimentaires, ou à la suite d'un conflit affectif,

ou les deux à la fois. C'est pour cela que nous pouvons parler d'affections fonctionnelles ou pychofonctionnelles.
Il faut distinguer entre trouble fonctionnel et maladie fonctionnelle. Dans le premier cas, il s'agit d'un événement isolé dans l'organisme et dans le temps. C'est ce dont se plaignent souvent les sujets au début d'une situation de stress (cf. supra).

Dans le deuxième cas, il y a répétition, chronicité et intégration dans un tableau plus complexe. Il s'agit alors le plus souvent de conséquences du stress.

Trop facilement on considère ces patients comme des gens « nerveux », auxquels on répond : « Ce n'est rien, c'est dans la tête. » Or la souffrance est bien réelle, mais les examens médicaux ne donnent pas de réponse satisfaisante, et les solutions thérapeutiques classiques restent palliatives voire inefficaces. Alors s'installe, le plus souvent par manque d'écoute réelle, une escalade d'examens et de traitements plus ou moins coûteux et quelquefois « iatrogènes » (eux-même déclencheurs d'une maladie), en vue de trouver une explication rationnelle, et qui n'amènent qu'un soulagement passager à défaut d'une guérison.

D'une manière plus générale, on rencontre dans ce cadre un ensemble assez vaste et polymorphe de symptômes. Parmi ceux-là, on peut noter :
- les algies lombaires, dorsales, cervicales, le plus souvent par tensions musculaires paravertébrales douloureuses,
- les algies digestives comme les colites fonctionnelles et les troubles de la digestion en général,
- les céphalées, dites de tension, ou psychogènes,

- une affection dermatologique appelée « *prurit sine materia* », c'est à dire démangeaisons plus ou moins violentes et chroniques sans lésion cutanée micro ou macroscopique visible,
- les troubles du sommeil,
- les troubles de la sexualité,
- etc.

On fait entrer ainsi dans ce « catalogue » hétérogène toute souffrance non organique en apparence, même si cette souffrance oriente vers une sphère bien précise du corps humain.

Il faut considérer la souffrance du malade comme un discours non langagier, dont les maux sont les mots à décoder.

Il ne faudrait toutefois pas tomber dans des raisonnements manichéens consistant à décrire systématiquement toute douleur comme le reflet d'une discordance conjugale ou professionnelle, et penser que tout être qui se plaint souffre d'un mariage insatisfaisant par exemple ou d'un patron peu compréhensif. Il importe, avant d'envisager un dysfonctionnement relationnel ou sentimental, de faire toute recherche visant à mettre en évidence une lésion organique relevant d'un traitement classique et bien conduit. Ensuite de mettre un terme à l'escalade des examens et traitements inutiles et quelquefois dangereux, et ne pas hésiter alors à s'orienter vers la sphère relationnelle, celle où l'on retrouve le stress (familial, professionnel, etc.).

Mais la découverte d'une lésion physique (qui nous fait passer dans un registre autre : maladies psychosomatiques, ou maladies somatiques pures), et la mise en place du traitement adéquat n'interdit pas toute mesure visant à prendre en compte les composantes psychoaffectives préalables ou secondaires si elles existent.

Maladies fonctionnelles susceptibles d'apparaître
dans un contexte de stress

• Fatigue chronique	• Troubles digestifs « boule » dans la gorge ballonnements douleurs abdominales digestions difficiles troubles de l'appétit
• Algies du rachis mal au cou mal au dos mal aux lombaires	
• Algies thoraciques douleurs intercostales « boule » dans la poitrine	• Troubles du sommeil • Troubles sexuels baisse de la libido baisse des performances
• Céphalées	
	• Divers prurit et démangeaisons sans lésions visibles toux isolée sans raison

EXEMPLE ▶ *Annie est une fort belle femme de 50 ans, active, contente de son emploi à mi-temps et pratiquant régulièrement le tennis.*
Un jour, elle consulte son médecin pour des douleurs lombaires :
— J'ai mal aux reins Docteur. L'aspirine n'y fait rien.
— Eh bien, laissez-moi voir ça.
— Vous ne me prescrivez pas de radios ?

La patiente, convaincue à bon escient que l'œil du médecin ne peut traverser les chairs « pour voir », considère un peu comme un perte de temps cet examen visuel et tactile qu'on appelle l'examen clinique (du grec clinos, le lit) parce que réalisé avec les mains et les organes sensoriels du médecin au chevet du patient. Or, on en apprend beaucoup plus qu'avec une radio qui ne montre que les os le plus souvent, et encore… en négatif ! Le dos ne se résume pas à un empilement de vertèbres : muscles, parties molles et complexité des articulations n'apparaissent pratiquement pas sur les clichés.

L'examen montre un banal dérangement intervétébral mineur, c'est-à-dire ce que l'on appelle communément « une vertèbre bloquée » La manipulation effectuée remet tout en ordre.

EXEMPLE

Une semaine après. Annie revient :
— Docteur, ça m'a fait du bien 3 jours et puis c'est revenu…
L'examen est identique au précédent, et se conclut par la même manipulation. Toutefois, le doute pousse le médecin à prescrire quand même un radio, que la patiente doit ramener la semaine suivante. Ce qu'elle fait, revenant triomphante :
— Ils ont trouvé : c'est l'arthrose !
— Mais l'arthrose est un phénomène banal de vieillissement des cartilages articulaires, qui commence à 25 ans, et vos radios de la colonne montrent que vous avez à 50 ans pas plus d'arthrose qu'une femme de 40 ans. A mon avis, il y a autre chose…
Et sans en demander plus, Annie se met à raconter ses problèmes de couple portant notamment sur sa sexualité qu'elle subit plus qu'autre chose…

Les affections psychosomatiques

Ce sont des affections de pathologie générale qui découlent en totalité ou en partie de facteurs conscients ou inconscients et dont les troubles sont organiques, c'est-à-dire, objectivables par la panoplie des examens médicaux.

Leur réalité, décriée par les esprits cartésiens et dans la foulée des travaux de PASTEUR, était pourtant soupçonnée depuis HIPPOCRATE qui affirmait l'influence du psychisme sur le « soma ».

On peut penser que la vie actuelle incite plutôt à la répression des émotions, dont les voies de sortie inconscientes emprunteront alors le chemin du corps, augmentant le nombre et l'importance qualitative des affections psychosomatiques.

Les facteurs psychologiques ne sont pas seuls à intervenir dans la genèse de la maladie psychosomatique. Ils sont intriqués à d'autres facteurs et faire la part des choses et des responsabilités est difficile. Par ailleurs ces affections sont, une fois qu'elles ont démarré, définitivement présentes même si elles peuvent rester silencieuses. La sensibilité de l'organe concerné est là, prête à s'exprimer à la moindre occasion, ce qui amène le patient soit à un traitement définitif, soit à une attitude de prudence constante, ou les deux. La vulnérabilité « primaire » au stress s'aggravera au fur et à mesure de la répétition des situations stressantes, le seuil de sensibilité s'abaissant progressivement.

Si la souffrance est la même que dans le cas précédent, les choses sont ici plus complexes : l'examen montrera qu'il existe bien une lésion organique. Celle-ci devra être prise en charge par les soins appropriés. Et ce n'est qu'ensuite (ou parallèlement) que l'abord psychologique du problème sera effectué, si nécessaire. L'écoute de la plainte est fondamental pour le véritable décodage que nécessite la compréhension des phénomènes. Ces facteurs psychiques peuvent être plus ou moins importants.

Elles représentent la grosse majorité des consultations de médecine générale avec les maladies et troubles fonctionnels.

On les retrouve dans diverses sphères de l'organisme, et cette liste n'est pas exhaustive :
- digestive : ulcères, gastrites, recto-colite,
- cardio-vasculaire : angor, infarctus,
- respiratoire : asthme,
- cutanée : psoriasis, eczéma, dermite séborrhéique, acné, allergies, etc.
- endocrinienne : certains diabètes, certaines obésités,
- divers : infections à répétition, certains cancers, ostéoporose, poussées rhumatismales…

SELYE avait largement démontré expérimentalement que le stress fabriquait des ulcères gastriques. Il provoquait aussi l'apparition d'arthrose chez les animaux de laboratoire par injection de minéralo-corticoïdes, hormones du stress, dont l'effet est contrebalancé par celui du cortisol, qui lui-même provoque fonte musculaire et décalcification…

La science médicale a découvert récemment une bactérie, *Helicobacter pylori*, qui intervient dans la genèse des ulcères gastriques. Certains se sont alors dépêchés d'y voir enfin une explication rationnelle éliminant les facteurs psychologiques. Or, beaucoup de personnes sont des « porteurs sains » de cette bactérie : ils ne font pas ou ne feront pas d'ulcères… D'autres, ulcéreux patents, n'ont jamais fait la preuve de la présence de celle-ci dans les prélèvements réalisés sur eux. Le stress influerait-t-il directement sur le caractère pathogène de ce germe ?

Il est aisé de constater, sans que cela ne soit la preuve d'une relation de cause à effet, la présence très fréquente d'événements désagréables d'ordre affectif précédant l'émergence du trouble fonctionnel ou organique. Que ce soit une poussée de périarthrite, ou une poussée d'eczéma, ou une crise de colite, il n'est pas rare d'entendre le patient, à qui on pose la question, répondre qu'effectivement il avait été « contrarié » par quelque chose avant que cela ne lui arrive.

Dans les troubles fonctionnels, le facteur psychoémotionnel est en général très proche du symptôme. Dans la pathologie organique, le temps de latence peut être plus long. Les études cliniques ont souvent montré l'existence d'une situation stressante préexistante depuis plus ou moins longtemps avant l'apparition de la maladie, qu'elle soit rhumatismale ou digestive ou autre. La relation de cause à effet est plus difficile à certifier, et les études méritent d'être amplifiées pour étayer ce qui semble tomber sous le sens.

Affections psychosomatiques susceptibles d'apparaître dans un contexte de stress

• **En rhumatologie :** la plupart des poussées rhumatismales bénignes	• **En cardiologie :** hypertension artérielle angine de poitrine
• **En gastro-entérologie :** ulcères recto-colites	• **En dermatologie :** dermite séborrhéique psoriasis certaines acnés
• **En endocrinologie :** certaines maladies thyroïdiennes certaines obésités certains diabètes	• **En cancérologie :** cancer du sein ? mélanomes ? cancer du col utérin ?
	• **En pneumologie :** asthme sinusites ? Etc.

Cas des relations entre stress et cancers

Nous fabriquons tous, tous les jours des cellules cancéreuses, mais nous sommes « outillés » aussi pour les détruire, un peu comme l'organisme humain rejette les corps étrangers. Cette tâche revient entre autres aux cellules NK ou « Natural Killers » chargées de faire la chasse aux cellules cancéreuses. Certains auteurs ont émis l'hypothèse que l'initiation ou l'aggravation du processus cancéreux serait plus fréquente chez les sujets qui sont plus portés sur la sécrétion de cortisol (sujets IE) que d'adrénaline (sujets EA), comme chez ceux qui répriment leurs émotions.

Ce type de comportement serait responsable d'une faible activité des cellules NK, et donc d'une moindre défense contre un processus cancéreux.

Il faut souligner que ce modèle n'a été étayé que sur certains types de cancers : cancer du sein, cancer du col de l'utérus, mélanomes (cancer de la peau).

Ceci ne veut pas dire que si l'on perd son conjoint ou son enfant on aura un cancer du sein, mais que la conjonction de plusieurs facteurs déclenchants, dont il est difficile de doser l'importance propre, doit obliger la démarche diagnostique à intégrer tous les facteurs sans exception.

Stress et maladies coronariennes

Les maladies coronariennes ou affections des artères du cœur représentées pour l'essentiel par l'angine de poitrine et l'infarctus du myocarde, sont la première cause de mortalité dans la plupart des pays occidentaux.

L'ensemble des facteurs de risque bien connus de ces affections (hérédité, tabac, alcool, mode de vie, etc.) ne couvre pas toutes les raisons de l'éclosion et de la non éclosion de ces affections. Il est donc nécessaire d'identifier d'autres prédicteurs comme par exemple les facteurs psychosociaux.

Les recherches se sont d'ailleurs centrées sur les comportements de type EA (cf. supra). Parmi les caractères constitutifs de ce type, c'est l'agressivité exprimée qui semble être le meilleur facteur prédictif de la maladie. C'est-à-dire que le risque de maladie cardiaque serait d'autant plus élevé que le sujet est belliqueux, emporté et en situation conflictuelle latente avec son entourage. Pour notre part, l'intolérance aux frustrations jouerait un rôle tout aussi important. En clair, l'incapacité à accepter que tous ses désirs ne soient pas satisfaits, ou même simplement reportés dans le temps, l'absence de pondération, de disposition à donner le juste poids aux choses, amplifieraient ce même risque.

D'autre part, ces sujets se construisent un univers de challenge perpétuel, majorant les contraintes réelles, recherchent la compétition ou la créent si elle n'existe pas. Ils peuvent même corser les choses en se jugeant inconsciemment de manière défavorable, ce qui induit une augmentation des exigences de leur environnement. Il en résulte une suractivation de leur système nerveux sympathique autonome, c'est-à-dire celui responsable de la sécrétion d'adrénaline pouvant entraîner à la longue des lésions cellulaires du cœur et de ses vaisseaux, responsables ensuite de complications plus graves. Il est ainsi admis que ces personnalités ont deux fois plus de risque de développer une maladie coronarienne.

A lire ces lignes, le lecteur risque de penser que finalement, le choix se limite à :

soit être un « adrénalinien » et aller droit à l'infarctus,

ou soit un « cortisolien », avec comme risque le cancer…

Qu'il ne s'inquiète pas outre mesure : la nature humaine n'est pas manichéenne et les choses ne sont jamais blanches ou noires.

Les affections de la sphère psychique

Les relations précises entre stress et maladies psychiques sont certaines mais là aussi il est difficile de faire la part exacte de ce qui revient

- au stress, aux stresseurs,
- aux antécédents personnels (enfance et petite enfance, chocs et séquelles), et familiaux,
- à la personnalité.

Un événement stressant peut déclencher une affection psychopathologique, ou peut aussi aggraver un état préexistant ou le révéler. Cet état pathologique préexistant peut être parfaitement connu, ou simplement latent, sans expression visible.

En somme, le stress est-il suffisant à lui tout seul pour déclencher une dépression, ou nécessite-t-il une vulnérabilité préalable ? Le stress ne fait-il déprimer que ceux qui y sont prédisposés ou bien peut-il à lui tout seul déclencher une dépression ? Bien malin qui pourrait répondre à cette question...

Nous allons essayer d'y voir clair à travers quelques tableaux explicatifs allant du plus simple au plus complexe, du global au détail.

1. On peut distinguer parmi les troubles imputables, directement ou non, aux stresseurs :

- les troubles **immédiats**, *résolutifs* plus ou moins rapidement, ou *non résolutifs*,
- les troubles **différés**, *résolutifs* ou *non résolutifs*.

Dans chaque catégorie, on retrouvera :
- les troubles anxieux,
- les troubles dépressifs,
- les troubles mixtes, anxio-dépressifs,
- les troubles comportementaux : « addictions » comportements de dépendance, pathologie des relations sociales et professionnelles.

Troubles imputables aux stresseurs

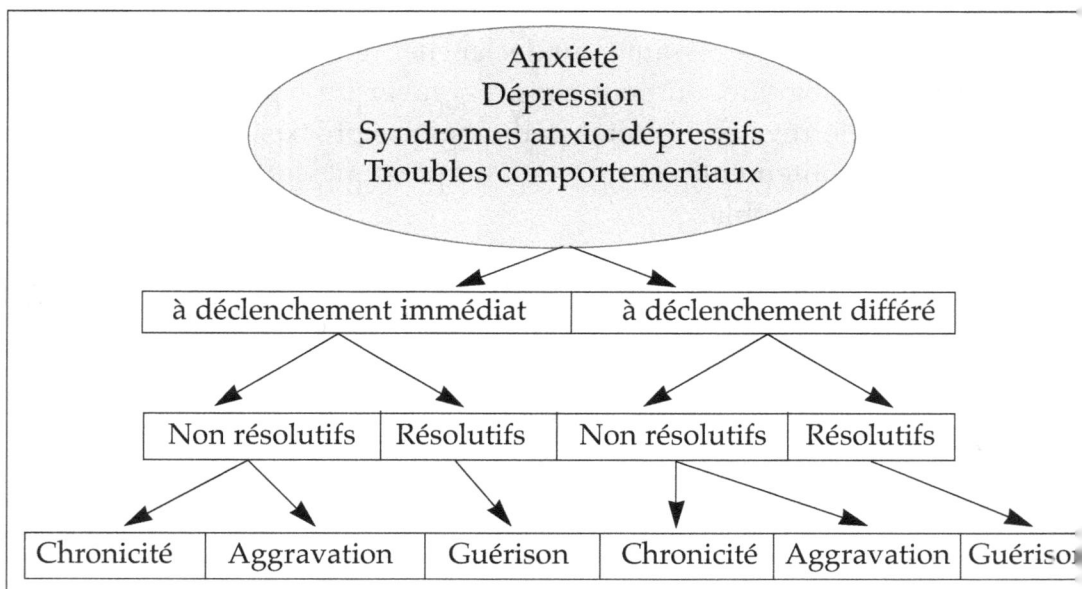

2. Ensuite, à partir de ce premier tableau, on peut extraire cinq grands groupes d'affections rencontrées quotidiennement :
- les conséquences psychiques des situations traumatiques, malheureusement illustrées par les catastrophes aériennes et attentats,

- la dépression maladie, ou vraie dépression,
- l'anxiété,
- les troubles de l'adaptation à connotation anxieuse, ou dépressive, ou mixte. Les symptômes émotionnels et comportementaux sont en réaction avec des facteurs de stress identifiables et datant de moins de trois mois, et ne durent pas plus de six mois après disparition des stresseurs déclencheurs,
- Les troubles du comportement prédominants.

La plus habituelle est la dépression nerveuse réactionnelle, secondaire à l'événement stressant. Peu de symptômes physiques en dehors d'une fatigabilité, des troubles portant sur l'état général, le sommeil, l'appétit.

En revanche le tableau est dominé par les signes psychiques, la douleur morale, la dévalorisation, la perte de l'intérêt pour les objets habituels du désir. L'ensemble de ces constatations donne le sentiment que l'organisme choisit, au moment de décompenser, entre maladie somatique ou psychique. C'est l'un ou l'autre, la deuxième permettant l'économie de lésions organiques. Quelquefois, on peut observer un phénomène de bascule, mais qui aurait la même cause, s'exprimant tantôt dans le registre somatique, tantôt dans le registre psychique.

Résumé non exhaustif des affections psychiques
susceptibles d'apparaître dans un contexte de stress

- **Maladies psychiques post-traumatiques**
- **Anxiété**
- **Dépression**
- **Syndromes anxio-dépressifs**

> • **Troubles du comportement :**
> 1) addictions (dépendance vis à vis de l'alcool, de drogues, etc.)
> 2) pathologie des relations sociales
>   agressivité, violence
>   retrait
>   cynisme
>   déviances sexuelles
> 3) pathologie professionnelle
>   Burn out syndrome (épuisement de toute l'énergie vitale)
>   absentéisme
>   Etc.

• *Conclusion : la « double soupape »*

En pratique, il est extrêmement rare de rencontrer des sujets associant une affection psychosomatique et une affection psychique. En revanche, l'association de troubles fonctionnels et de troubles psychologiques, comme dans les névroses est tout à fait habituelle.

On peut donc considérer que le sujet stressé et n'ayant pas réussi à s'adapter, se trouve *grosso modo* devant l'alternative suivante : quelle soupape choisir ? La sphère psychosomatique ou psychique ? Cette orientation est bien sûr totalement inconsciente : ce n'est pas nous qui décidons de telle ou telle maladie !

L'alternance est en revanche possible : prédominance des aspects psychopathologiques purs selon certaines circonstances, au détriment des atteintes organiques et vice versa.

L'évolution aussi peut se rencontrer. Mais globalement, le « choix » une fois fait, il semble se pérenniser avec plus ou moins de bonheur selon les interventions thérapeutiques.

Que l'on ne me fasse pas dire ce que je n'ai pas écrit : ce n'est pas le stress qui donne le cancer ou qui provoque les infarctus ! Et au fait, comment tombe-t-on malade alors ?

Hormis les pathologies découlant d'anomalies génétiques ou d'un accident et pour lesquelles le facteur causal est univoque (exemple : hémophilie, accident et traumatisme), on peut considérer qu'au moins 80 % des affections rencontrées en médecine générale peuvent faire intervenir plusieurs facteurs responsables : on dit qu'elles sont polyfactorielles. Il est bien sûr difficile, voire impossible de faire la part des responsabilités de chacun. L'existence de varices chez les ascendants d'une femme elle-même porteuse des mêmes dilatations veineuses ne peut à elle seule expliquer toute la dynamique de cette maladie veineuse. Il faut y associer les différents facteurs personnels (vulnérabilité propre, histoire clinique depuis la naissance) et les différents facteurs de stress (sédentarité, mauvaises habitudes alimentaires, etc.).

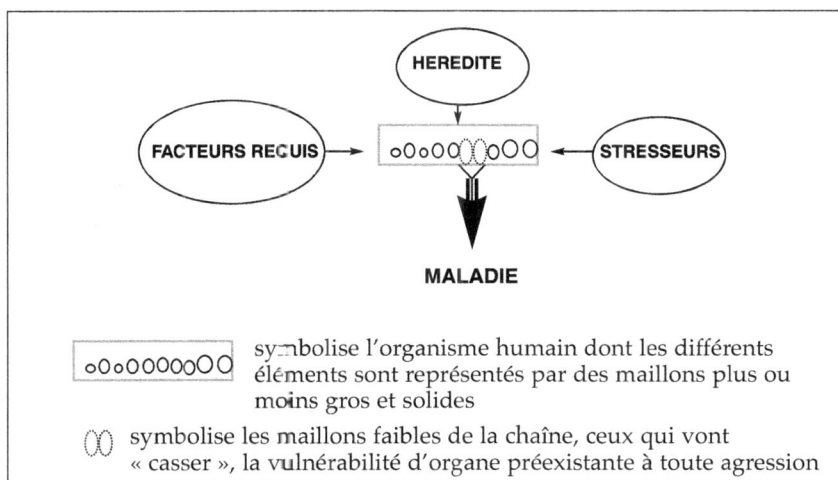

Dans ce schéma, le sujet est au centre, matérialisé par une chaîne plutôt solide, chaque maillon symbolisant un organe ou une fonction de notre organisme. Personne n'étant parfait, on a tous une ou deux zones relativement fragiles. Et bien sûr, si « ça doit casser » un jour, ce sera évidemment là : on appelle cela la vulnérabilité prédisposée du sujet (organe ou fonction).

Notre sujet est par ailleurs sous l'influence de son hérédité (antécédents familiaux), mais aussi de son vécu personnel (depuis sa naissance : accidents, maladies, etc., c'est-à-dire ses antécédents personnels).

Enfin, certains facteurs dits de stress vont se surajouter à ce tableau.

La survenue d'une maladie peut ainsi relever :
— soit de facteurs
      purement héréditaires,
      ou purement acquis,
      ou purement liés au stresseurs
— soit de facteurs associés relevant de ces trois origines. Les départager quant à leurs responsabilités propres est très difficile. Mais le stresseur n'intervient jamais sur un terrain indemne et vierge.

Cette maladie se développera préférentiellement sur les localisations dites de vulnérabilité préexistante (les « maillons faibles »).

2. Conséquences pour l'organisation : les dysfonctionnements

Nous ne reviendrons pas sur l'énumération des différents stresseurs observables dans le milieu du travail. Les effets observés de ces stresseurs sur l'individu sont très diversifiés. On relève :

• des troubles somatiques ou psychosomatiques de type maladies cardio-vasculaires, ulcères céphalées, dermatoses, etc,

- des affections psychologiques : dépression, anxiété, alcoolisme, troubles du comportement,
- des troubles sociaux et professionnels de type violence, délinquance, erreurs professionnelles, accidents, absentéisme, etc.

Ces conséquences génèrent un coût mal estimé le plus souvent, mais qui s'élèverait à 200 milliards de dollars aux États-Unis et 10 % du P.N.B. en Grande-Bretagne, se répartissant en :

- baisse de productivité,
- absentéisme,
- indemnisation,
- assurances,
- frais médicaux.

Autres chiffres :
- En Europe, les conséquences du stress représentent 3 % de la masse salariale globale.
- 40 millions de journées de travail perdues en Grande-Bretagne (Alix KIRSTA, « Le stress », 1986).
- Selon un sondage Paris-Match 1984, les dépenses médicales liées à la pathologie du bruit s'élèveraient à 25 milliards de francs.
- 57 % des actifs disent travailler dans des conditions stressantes.
- 10 % du PIB., c'est ce que coûterait aux entreprises en termes d'absentéisme, de baisse de qualité et de productivité, le stress en France.
- Multiplication par 7 en dix ans des troubles musculo-squelettiques directement liés à une obligation d'accélérer les cadences.
- Multiplication par 7 du nombre de demandes d'indemnisation pour cause de stress en Californie.

Une forme récemment individualisée dans le monde du travail comme une conséquence directe d'excès de stress et de dépassement des capacités d'adaptation de l'individu est celle du « Burn out syndrome » épuisement de toute l'énergie vitale (BOS), spécifique des conséquences pathologiques du stress au travail.

Il correspond à un état de fatigue et d'épuisement découlant d'une situation professionnelle non gratifiante. Ici le stresseur est d'ordre psychoémotionnel, non mesurable, quelquefois même inconscient.

Cet épuisement est à la fois émotionnel et physique.

Il s'agit en général de professions dont le travail est centré sur l'être humain avec accomplissement personnel réduit. Autre caractéristique de ces professionnels exposés à ce risque : l'existence chez eux de facteurs émotionnels personnels importants. D'où l'importance de désaffectiver la relation avec leur « clientèle », sans la déshumaniser, en prévoyant notamment les exutoires nécessaires pour y remédier si cette « désaffectivation » n'était pas immédiatement possible.

L'épuisement provient de la répétition accompagnée d'un sentiment d'insatisfaction. En découle ensuite le sentiment d'une inutilité et d'une inefficacité. Les symptômes présentés par les sujets souffrant du BOS sont :
• d'abord d'ordre somatique, à puiser dans ceux déjà vus tant dans la cadre des maladies fonctionnelles que psychosomatiques,
• d'ordre émotionnel : frustration, colère, désillusion, sentiment d'échec, sentiment d'impuissance, perte de la signification du travail, etc., le tout pouvant évoluer vers un authentique syndrome dépressif,

- comportementaux : addictifs (alcool, tabac, drogues), changements d'attitude portant aussi bien sur la vie professionnelle que privée. Dans ces changements d'attitude, on retrouve du négativisme, du cynisme, absentéisme, retards, évitement du travail, baisse des performances.

Le tout peut évoluer vers une dépersonnalisation, avec
- soit une mise en retrait maximum et syndrome dépressif associé,
- soit comportement agressif maximum et actes de violence.

• *Conclusions*

1. Il y aurait-il un choix entre une « soupape » plutôt qu'une autre pour l'individu ?
   Pour quelles raisons une voie plutôt que l'autre ? Facteurs hormonaux et facteurs comportementaux interviennent sûrement ensemble. Mais il faut admettre un phénomène de sensibilisation engendré par des stress répétés et l'éventuelle intervention de facteurs génétiques.

2. Il ne suffit pas d'un stress, même prolongé pour faire une maladie. Entrent en jeu d'autres facteurs comme l'hérédité, le mode de vie, les acquis de l'existence (éducation, habitudes culturelles…) qui vont en nuancer l'apparition et l'évolution. D'autre part, chacun de nous a ses propres ressources, et ce qui fait rapidement mal à l'un, mettra plus de temps pour atteindre l'autre.

3. Par ailleurs nous sommes un peu comme une chaîne, avec des maillons plus ou moins solides. Et quand ça

« casse », c'est toujours sur le ou les maillon(s) le(s) plus faible(s). Mais pas tous en même temps! Il peut y avoir des alternances, par exemple eczéma et asthme, céphalées et hypertension… En étudiant la personne dans son ensemble, physique et psychique, mais aussi en tenant compte de son hérédité, de son mode de vie, de son contexte relationnel, il est possible de se faire une idée des maillons faibles et de proposer une attitude préventive et curative.

EXEMPLE *Ce P.-D.G. stressé, qui boit, fume, qui est obèse et sédentaire, et dont le père et le grand-père ont fait des accidents cardio-vasculaires a toutes les chances lui aussi de faire un infarctus. Maintenant, si nous gardons le même homme avec le même stress, mais sans son lourd passé et ses mauvaises habitudes de vie, le risque d'infarctus ne sera pas pire que pour n'importe qui d'autre. La décompensation se fera sur un autre mode…*

On peut donc résumer en disant qu'il existe une relation permanente, dynamique et à priori équilibrée entre le système de contrôle (cerveau) et le système d'organes. Sous l'action d'un stresseur, cette relation sera mise soustension. Si les conditions sont requises et notamment en cas d'insuffisance des mécanismes de défense, il y aura rupture de l'équilibre de cette relation, et apparition d'une souffrance plus ou moins grave.

4. Les caractéristiques physiques, biologiques, psychologiques, et sociales de l'individu constituent sa personnalité. Celle-ci serait le facteur déterminant de la gestion du stress, permettant soit un comportement défensif/adaptatif, soit une interprétation nocive et par voie de conséquence pathogène de la situation stressante.

5. Les socio-organisations et leurs observateurs commencent à envisager une approche plus complète des phénomènes

194

liés au stress en raison des changements qu'elles se voient contraintes de réaliser sous la pression de leur environnement aussi bien externe que interne.

L'accompagnement du changement ne peut plus se limiter à celui des formations axées exclusivement sur le métier. Le journal *Les Échos* cite les résultats d'un cabinet (AT Kearney) : 55 % des 200 groupes consultés en 1997 par ce cabinet estimaient que « leurs grands projets étaient des échecs ou des semi-échecs. « La cause en serait une » sous-estimation des conditions de mise en œuvre du changement, au profit de sa dimension économique et technique ».

LES IDÉES « PHARE »

Face à un stresseur, il n'y a que trois voies possibles : *s'adapter, fuir ou supprimer la stresseur, sous peine de… tomber malade.*

Une situation de stress peut momentanément nous faire souffrir, sans que nous soyons pour autant malade : *sa résolution fera en général disparaître les troubles.*

Les « maladies de stress » ne sont pas imputables qu'aux seuls stresseurs : *la personnalité du sujet joue un rôle essentiel.*

Ne fait pas un ulcère de stress, ou un infarctus, ou un psoriasis qui veut : *la participation d'un certain nombre de facteurs est indispensable.*

Le stress coûte cher aux entreprises : *il faut donc prendre en compte, les deux dimensions de tout changement : la dimension tecnhico-économique rationnelle, et la dimension humaine irrationnelle.*

Retour sur les exemples

Georges souffre d'une colite chronique depuis 20 ans, et il est marié depuis 20 ans... Il est l'illustration d'une situation de stress psychique à la fois inconscient et chronique. Cette colite pourrait tout aussi bien être déclenchée par certains aliments, et ne durer que le temps d'une digestion presque banale. Or chez lui, elle est l'expression non verbalisée (par des mots) de l'excès de sollicitude de son épouse à son égard (trivialement, elle finit par le « gonfler »). Cet homme n'a aucune difficulté sur le plan professionnel, ni même en ce qui concerne son rôle de père : son problème se situe dans sa relation avec sa femme et avec les femmes en général, auxquelles il n'avait jamais su dire « non ». Cette constatation ne l'a pas guéri de sa colite, mais lui a permis de comprendre que quand il souffre de troubles digestifs, ceux-ci proviennent soit d'un repas épicé, soit d'une situation de conflit non avoué avec son épouse...

Le stress de Jean-François provient du changement survenu dans l'équilibre de sa vie : le décès de sa mère et la perte affective que cela occasionne. Le travail du deuil se prolonge au-delà des limites habituelles, et Jean-François refuse d'admettre qu'il puisse y avoir une relation de cause à effet entre ses symptômes et ce deuil. Ses fonctions de responsable des services financiers de la PME où il travaille renforcent en lui le sens du rationnel et de l'analyse cartésienne, et pour lui à une souffrance physique ne peut correspondre qu'une cause bien concrète et palpable. En fait, il ne peut à la fois sortir de cette situation de stress et terminer son travail de deuil qu'en acceptant le coût émotionnel d'une telle situation, qui sera certes plus lourd à payer que la recherche d'un « coupable « extérieur ».

Les lombalgies de Annie sont vraisemblablement l'expression physique (ou somatique) de son refus, non exprimé par des mots, de certains aspects de sa sexualité conjugale. Trivialement, on pourrait dire ici qu'elle en a « plein le dos ». Pourtant, le fait d'en parler avec son médecin ne suffira pas là non plus à régler le problème. Ce n'est que trois mois plus tard qu'elle lui avouera, lors d'une autre consultation pour un tout autre motif, ne plus souffrir du dos depuis un mois, et… avoir un amant de puis un mois ! Ce n'est qu'à partir de ce constat qu'elle comprendra plusieurs choses :

— la relation de cause à effet entre ses lombalgies et ses difficultés conjugales,
— que cet amant n'avait joué finalement qu'un rôle d'anesthésique sur ses douleurs,
— qu'elle était tout compte fait strictement « normale »,
— et qu'elle devait apprendre à dire « non »,
— et apprendre à son mari à entendre « non ».

TESTEZ-VOUS !

Instructions :

Ce test a pour but d'évaluer au présent les symptômes relatifs à votre éventuel état de stress, et ses conséquences physiques, psychologiques, ainsi que ses répercussions sur votre hygiène de vie.

ATTENTION : l'expérience montre que l'on a tendance à sous-évaluer l'intensité des symptômes ressentis ou vécus.

Remplissez-le spontanément, et effectuez le sous-total pour chaque groupe d'items.
Calculez le total global ensuite.

TEST D'ÉVALUATION
DES CONSÉQUENCES DU STRESS

N° :

	Jamais	Peu souvent	Assez souvent	Très souvent
SIGNES PHYSIQUES	**0**	**1**	**2**	**3**
1. Vous sentez-vous fatigué(e)				
2. Avez-vous des troubles du sommeil				
3. Avez-vous des troubles de l'appétit				
4. Souffrez-vous de douleurs abdominales				
5. Souffrez-vous de constipation ou diarrhée				
6. Avez-vous des problèmes de mémoire				
7. Souffrez-vous de maux de tête				
8. Souffrez-vous de douleurs dorsales				
9. Avez-vous des palpitations				
10. Souffrez-vous de douleurs thoraciques, d'oppressions				
11. Ressentez-vous « la boule dans la gorge »				
12. Avez-vous des clignements involontaires des paupières				
13. Constatez-vous une baisse de votre désir sexuel				
SOUS-TOTAL				

	Jamais	Peu souvent	Assez souvent	Très souvent
SIGNES PSYCHOLOGIQUES	**0**	**1**	**2**	**3**
1. Vous sentez-vous nerveux (se), irritable				
2. Vous sentez-vous distant des autres				
3. Éprouvez-vous de la tristesse				
4. Ressentez-vous une diminution de votre élan habituel				
5. Ressentez-vous de la culpabilité				
6. Avez-vous un sentiment d'impuissance				
7. Vous arrive-t-il de ruminer				
8. Riez-vous nerveusement				
9. Vous sentez-vous apathique				

SOUS-TOTAL

	Jamais	Peu souvent	Assez souvent	Très souvent
HYGIÈNE DE VIE	**0**	**1**	**2**	**3**
1. Manquez-vous de sommeil et de repos				
2. Fumez-vous plus de 5 cigarettes par jour				
3. Buvez-vous plus de 2 cafés par jour				
4. Mangez-vous plus d'une tablette de chocolat par semaine				
5. Buvez-vous 1/2 litre de vin par jour ou plus				
6. Buvez-vous 1 apéro ou plus par jour				
7. Vos repas sont-ils irréguliers ou déséquilibrés				
8. Consommez-vous des stimulants, des fortifiants				
9. Manquez-vous de loisirs				
10. Manquez-vous d'activités physiques				
11. Pratiquez-vous trop de sport				
12. Buvez-vous moins d'1 litre d'eau par jour				

SOUS-TOTAL

TOTAL GÉNÉRAL

RÉSULTATS DU TEST « ESC »

- **De 0 à 15 points :**
  Soit vous ne vivez pas de situations trop stressantes, soit vous les gérez bien. Il n'y a pas de tensions particulières, ni de souffrances apparentes. Le risque de développer de accidents ou maladies liés au stress est très faible.

- **De 16 à 30 points :**
  Vous vivez des situations modérément stressantes, où certaines tensions se font nettement jour. La traduction peut se faire soit sur un mode plutôt physique, soit sur un mode plutôt psychique. Vous utilisez peut-être certains dérivatifs qui risquent de devenir eux-mêmes stressants.

- **De 31 à 45 points :**
  Votre situation est celle de quelqu'un soumis à des contraintes assez fortes. Le stress est difficile à gérer, et les symptômes présentés attestent d'une souffrance qui peut basculer, si ce n'est déjà fait vers d'authentiques maladies fonctionnelles, psychosomatiques ou psychiques.

- **De 46 à 60 points :**
  Vos situations sont très stressantes, et il en résulte des tensions très fortes. Le retentissement sur vos capacités est net, et votre vie relationnelle, tant privée que professionnelle, doit s'en trouver affectée. Vous avez certainement déjà développé une ou plusieurs affections si cet état dure déjà depuis un moment.

- **Au delà de 60 points :**
  Le stress est tellement prégnant chez vous qu'il entraîne non seulement un dépassement de vos capacités à le gérer, mais des conséquences pathologiques avérées.
  On peut dire que votre santé, déjà altérée, ne peut que se dégrader gravement si cet état devait durer.

N.B. : Un tel résultat devrait être rapproché de tests similaires effectués dans le temps, montrant ainsi l'évolution « positive » ou « négative » de la situation.

Quatrième partie

Comment bien gérer le stress

« On ne peut pas empêcher les oiseaux du malheur
de tourner au-dessus de nos têtes,
mais on peut toujours les empêcher d'y faire leur nid. »
(Proverbe chinois)

Avant de voir comment gérer son stress, je souhaite faire quelques remarques préalables.

Je n'ai pratiquement pas abordé ici les conditions particulièrement stressantes que l'on rencontre lorsqu'il y a une action volontairement malveillante : harcèlement moral ou sexuel, persécutions morales (ou mobing), etc. Et ceci en raison de leur importance particulière qui mérite un exposé à part. Ces cas paraissent à première vue plus nombreux aujourd'hui, mais cela est certainement lié au fait que les victimes osent réagir d'une part, et à la médiatisation de ces affaires d'autre part. Donc on en parle plus, mais cela ne prouve pas qu'il y en ait plus. Enfin, sortir de telles situations impose le plus souvent des actions procédurières plus ou moins lourdes où c'est finalement l'action d'un tiers (justice par exemple) qui permet une issue favorable.

J'ai donc voulu privilégier ici les situations où notre responsabilité est engagée, qu'on le veuille ou non, mais sans qu'il y ait de connotation ou de pression perverse.

Que fait un individu stressé ?
Dans cette dernière partie, nous pourrons aborder les différents moyens tout à fait à notre portée pour tenter d'améliorer la gestion, ou le management si vous préférez, des situations les plus courantes de stress.

Chacun possède différents moyens que l'on regroupe sous le nom de stratégies qui visent à régler le problème posé et à réduire les tensions liées au stress, ou même les conséquences morbides de celui-ci.

On pourrait parler de stratégies préventives ou curatives. En fait, dans la réalité elles ont souvent ce double aspect simultanément.

Ces stratégies relèvent de processus simples et complexes qui associent :
— des aspects inconscients,
— des aspects conscients mais automatiques pour ne pas dire compulsifs,
— des aspects parfaitement conscients et variables.

Les premiers sont par définition inaccessibles spontanément, et c'est quelquefois l'entourage qui lui en fait la remarque comme dans le cas d'un acte manqué par exemple. Leur compréhension fine nécessite des techniques psychanalytiques ou d'inspiration psychanalytique. Mais le plus souvent, il n'est pas indispensable de faire une cure psychanalytique pour régler ses problèmes.

Les derniers sont plus ou moins bien maîtrisés par l'individu, qui en tout état de cause décide ou non de les utiliser. Les seconds sont plus aisément accessibles que les processus inconscients puisque le sujet les perçoit parfaitement même s'ils s'imposent à lui plus ou moins machinalement. Ils sont modifiables en cas d'inefficacité, par un travail volontaire de réadaptation du comportement.

Cette division n'en reste pas moins arbitraire dans la mesure où ces trois processus sont interdépendants ; et leur résultante, à savoir le comportement de la pesonne, sera le fruit d'une véritable conversation intime entre le conscient et le refoulé, l'inné et l'acquis, le sûr et l'incertain, l'expérience passée et l'avenir probable de cette même personne.

Enfin, ces stratégies concernent l'individu et son système relationnel, sans que l'on puisse là non plus faire de véritable distinction entre les deux dans la réalité.

Quelles qu'elles soient, elles visent toutes au moins à réduire les émotions désagréables d'une situation stressante, et au mieux à résoudre le problème posé, ce qui diminuera par voie de conséquence ces mêmes émotions.

Quel est globalement le contenu de ces stratégies ?

Rappelons que le stress correspond à la mise sous tension de voies transactionnelles particulières du sujet avec son environnement, dans le cadre d'une modification de son équilibre relationnel, et visant soit à retrouver l'équilibre précédent, soit à en créer un autre plus favorable. Ces transactions mettent en jeu des réponses biologiques et physiques, psychologiques, relationnelles.

On peut donc envisager trois axes pour agir et mieux vivre avec le stress, trois pôles d'action superposables aux trois composantes du stress :
— Un pôle biologique et physique,
— Un pôle psychologique,
— Un pôle relationnel.

Vous trouverez donc, non pas des recettes parce qu'au mieux elles ne pourraient être que personnelles, mais des voies pour vous aider à trouver les moyens qui vous conviendront le mieux pour « manager » les moments de stress.

Elles seront présentées en commençant par ce qui relève du physique, puis du psychologique et enfin du relationnel :
— Les stratégies physiologiques
— Les stratégies psychologiques
— Les stratégies relationnelles

Dernière remarque : pour des raisons de commodité, je présenterai ces trois chapitres l'un après l'autre, Mais dans la réalité, nous sommes amenés le plus souvent à gérer les choses en même temps avec des priorités variables selon les personnes, le lieu et le moment. Pour certains, la priorité sera à la modification des conditions physiologiques de vie, pour d'autres les conditions psychologiques d'abord, etc.

Le fond de mon propos est de montrer que si le stress a des conséquences humaines et socio-économiques, il a avant tout des répercussions individuelles qui relèvent de la responsabilité au moins partielle de chacun (sauf pour ceux qui sont victimes d'une action malveillante). Il a d'ailleurs été démontré que les personnes qui ont une propension à penser que le cours des événements dépend de leur volonté ont une meilleure gestion du stress, et en termes de prédictivité, un risque moindre de développer des affections de quelque nature que ce soit.

Une dernière conversation...

Valentine décide d'en avoir le cœur net : ses deux amis qui travaillent avec elle, et qu'elle trouvait très stressés et stressants autant dans leur vie professionnelle que de couple, semblent assagis depuis quelques semaines...

— *Mon Dieu ! Jacqueline et Eric ! Je ne vous reconnais plus !*

— *Ah bon ? Ca se voit tant que ça ?* lui répond Jacqueline.

— *Ben oui... Pendant la réunion d'hier déjà, je trouvais drôle que Eric ne s'emporte pas. D'habitude, il est plutôt explosif dès que ça ne lui convient pas...*

— *Eh oui*, réagit Eric, *j'ai compris que je devais garder mon énergie pour l'utiliser de façon plus durable, sinon je m'épuisais vite !*

— *Et depuis que tu t'es remis au sport, t'as trouvé d'autres occasions de te défouler*, renchérit Jacqueline.

— *Oui, mais ce n'est pas un peu de sport qui va régler les problèmes quand même.*

— *Bien sûr, Valentine, mais déjà cela contribue à évacuer le trop plein !* répond Eric.

— *Et puis Eric ne regarde plus les problèmes de la même manière : il estime que nous sommes aussi responsables de ce qui nous arrive, et pas seulement des spectateurs passifs qui subissent bon gré mal gré...*

— *Tu ne peux pas savoir l'effet que ça fait de regarder les choses non plus comme des menaces mais comme des défis !* rajoute Eric.

— *Oui mais, en quoi cela fait-il de toi un garçon moins stressé ?* s'enquiert Valentine.

— *Si je te comprends bien, tu as du mal à admettre que le fait de bouger un peu plus en dehors du boulot, et celui de regarder la vie différemment peut m'amener à moins stresser ?*

— *Exactement : quels sont vos trucs quoi ?*

— *Effectivement,* reprend Jacqueline sous le regard approbateur d'Eric, *il n'y a pas que ça : on a modifié pas mal de nos habitudes de vie, on a suivi un stage de formation sur le développement de la confiance en soi...*

— *Et on a décidé de s'occuper de nous,* confirme Eric : *de ne plus subir ce qui nous arrive comme une fatalité, d'améliorer la qualité de nos relations amicales et familiales...*

— *Et... de profiter du studio des beaux-parents sur la Côte pour aller faire un peu... de thalasso!* complète malicieusement Jacqueline.

— *Dans la mesure de nos moyens,* assure Eric.

— *Eh bien dites-moi...* leur répond bouche bée Valentine... *Et moi aussi je pourrais faire tout ça, ou il faut..., je sais pas moi..., un tempérament spécial, de la chance ?*

— *La chance n'a rien à voir avec ça, mais le désir et la volonté d'abord. Ensuite se donner les moyens en faisant certains choix.*

7

Adopter des stratégies physiologiques

La façon dont nous dormons, bougeons, et mangeons conditionne notre façon de stresser. La meilleure technique ne sera rien si elle est utilisée dans de mauvaises conditions physiologiques. Il s'agit donc de savoir de quelle manière :

1. le stress déséquilibre notre vie biologique
2. de mauvaises habitudes hygiéno-diététiques peuvent renforcer le stress
3. et dégager de tout ça des réponses et des solutions.

Les cinq principaux points que j'aborderai seront : l'activité physique, le sommeil, l'alimentation, l'utilisation de dérivatifs, et les activités de détente et de loisir.

L'adoption de nouvelles règles hygiéno-diététiques adaptées, réduira déjà la nocivité des situations mal vécueset autorisera une approche plus efficace de celles-ci.

1. L'activité physique

Il faut trouver l'équilibre entre pas assez et trop.

Mais d'abord ne pas hésiter à faire au préalable un bilan médical avant de commencer une activité physique ou d'en reprendre une : consultation, électro-cardiogramme, prises de sang, bilan nutritionnel. Il faut savoir sur quelles bases vous partez, et ceci est indispensable si vous avez 40 ans ou plus. En effet, on constate un grand nombre d'accidents chez les sujets de plus de 40 ans qui pensent (à tort) retrouver tout de suite les performances de leurs 20 ans. Repérez tout de suite vos limites, pour pouvoir utiliser le sport à bon escient.

• *D'abord rappelez-vous...*

En situation de stress, notre corps sécrète de l'adrénaline qui va favoriser l'activité cérébrale et musculaire. Mais comme il ne s'agit plus, comme c'était le cas il y a bien longtemps maintenant de lutte physique, les sujets stressés ne trouvent plus l'exutoire nécessaire pour évacuer cette énergie qui s'accumule dans leur vie professionnelle.

• *Quel exutoire physique alors ?*

Le sport a la réputation d'être un excellent dérivatif pour le stress. Encore faut-il savoir à quelle dose pour éviter de s'exposer à d'autres ennuis. Il n'est en effet pas souhaitable de ne pratiquer des activités physiques violentes que le week-end ou en vacances, entraînant en fait un surcroît de stress pour un organisme habituellement sédentaire. Ce qui compte c'est la régularité, la progression, et derespecter ses limites. Quelques heures de sport intensif le week-end ne sont qu'un défoulement à risque pour la santé.

Cela exige donc l'effort de faire… des efforts!

• L'idéal...

Faire 3/4 d'heure à une heure, trois fois par semaine, d'un sport complet, type course, vélo, natation ou marche sportive.

Pourquoi? Parce que ce type d'activité permet de faire travailler l'ensemble de ses muscles, mais aussi l'appareil cardio-vasculaire (cœur, artères et veines) et le système respiratoire. Ce travail se fait dans la régularité, visant à augmenter l'endurance, à l'opposé des activités comme le sprint ou le squash qui reposent sur la résistance et sont effectuées par « à-coups ». Mais il vaut mieux faire ce qu'on aime et il ne sert à rien de s'obliger à pratiquer une activité sous prétexte qu'elle est conseillée ou pire à la mode : on se lassera vite avec un dégoût durable pour l'activité physique en général.

Ce qui compte aussi, c'est le déplacement. Attention aux postures inconfortables pour le corps, du jardinage et du bricolage, qui restent des activités très statiques. Elles permettent de se changer efficacement les idées, mais évacuent peu d'énergie dans la grande majorité des cas.

Quelques activités récréatives et leurs dépenses énergétiques moyennes en watts pour une personne de 70 kg

Sédentaire	Activité légère	Activité modérée	Activité intense
140 à 200 watts	140 à 400 watts	300 à 550 watts	450 à 600 watts
Jeu de cartes Instrument de musique	Boules Golf	Vélo Danse Jardinage	Montagne Football

Par comparaison, un athlète peut dépenser 1 000 watts et plus lors d'une compétition de natation !

Calories brûlées par heure
selon l'activité physique pour un sujet de 70 kg

	Activité modeste	**Activité intense**
Marche	300	440
Tennis	400	600
Natation	250	500
Jogging	700	1 000
Ski de fond	400	700
Vélo	250	410

• *Les buts des activités physiques de plein air*

Les buts sont :
— **d'évacuer le trop plein d'énergie accumulée**, et l'agressivité retenue qui sinon se retournera contre soi-même,
ou contre d'autres à qui elle n'était pas destinée.
— **se distraire** au sens d'extraire son cerveau de l'ambiance
de tensions qui le contraignent, et l'occuper à autre chose,
permettant à ces tensions internes de retomber.
— **améliorer le sommeil**, créant, une « fatigue saine »
connue de tous. Le meilleur moyen d'améliorer ses
nuits est encore de respecter ses rythmes.
— **améliorer ses fonctions cardio-vasculaires,**
— **« dérouiller » son appareil locomoteur.**

Nous ne reviendrons pas sur ces deux derniers aspects
bien connus de tous maintenant.

Par la suite, une fois accoutumé ou réaccoutumé à l'effort
avec un programme équilibré, rien n'interdit de temps à
autre de se faire un plaisir différent avec quelques frissons,
voire quelques activités extrêmes. Ce qui importe, ce n'est
justement pas d'exclure, mais de garder exceptionnel
ce qui doit le rester.

2. Le sommeil

• *Les différents dormeurs*

Il existe deux sortes de dormeurs : les « courts dormeurs », dormant en moyenne moins de six heures par nuit et ne ressentant pas de manque de sommeil dans ces conditions, et les « longs dormeurs » nécessitant au moins 8 heures par jour de sommeil. Enfin, les années passant, on dort de moins en moins et cela est tout à fait normal.

Il n'est pas rare de voir pourtant des sujets (âgés ou non) réclamer des somnifères parce qu'ils n'acceptent pas de moins dormir. En effet, la plupart des gens qui souffrent d'insomnie consomment des hypnotiques par peur de ne pas s'endormir et se couchent en se disant « qu'il faut dormir ». Cette recherche volontaire et artificielle du sommeil ne pourra pas l'induire puisqu'elle fait appel à un travail conscient, alors que le sommeil découle au contraire d'un relâchement, d'un « lâcher prise ». Bouger, respecter ses rythmes et savoir se relâcher sont les meilleurs facteurs d'endormissement.

Inutile d'essayer de dormir plus que ce que votre horloge biologique réclame. Mais le manque de sommeil génère à la longue des troubles du caractère et du comportement.

Le non respect de ses rythmes personnels prédispose à moins bien faire face aux stress de la journée.

• *La nuit de sommeil*

Une nuit de sommeil comporte une alternance de phases d'endormissement profond (les plus longues) et de phases d'endormissement superficiel. Nous nous souvenons de nos rêves quand nous sortons d'une phase de sommeil superficiel. La fonction du sommeil est bien connue de tous : favoriser la récupération.

Sa réduction, contre nos besoins naturels, entraînera donc une insuffisance de récupération et donc des performances diminuées et une augmentation des tensions émotionnelles.

Les déprimés ont tendance à s'endormir facilement et se plaignent de réveils précoces ; les anxieux, inversement, « cogitent » avant de trouver le sommeil et récupèrent sur le petit matin. Ils ressassent ainsi les problèmes en suspens de la journée, et ceux du lendemain. On assiste à un véritable « télescopage » des soucis passés et à venir qui renforce l'anxiété, gênant l'endormissement et épuisant le sujet.

La prise de somnifères ou d'hypnotiques induit un sommeil de moins bonne qualité, mais peut se justifier exceptionnellement pour casser un cercle vicieux et passer un cap difficile. La prise régulière de ces médications, en plus de l'effet précédent, aggrave à terme les troubles du sommeil, crée une dépendance, provoque des effets secondaires et ne règle rien du tout.
La pratique d'activités de détente, voire de relaxation est tout à fait encourageable.

La qualité du sommeil dépend pour beaucoup de la qualité de la journée qui le précède. Il importe donc de préparer sa nuit par une bonne hygiène de sa journée : activité physique, alimentation légère, etc.

3. La diététique

Mangeons-nous plus mal que nos aïeux, et quels sont les rapports entre le stress et l'alimentation ?

Culture et alimentation sont liées : ce que nous avons dans l'assiette, et la façon de tenir notre fourchette ne sont pas la même chose qu'il y a seulement 30 ans.

Si certains apports du modernisme sont positifs comme la surgélation par rapport aux conserves classiques, la cuisson au micro-ondes par rapport aux fritures et autres cuissons « agressives », d'autres aspects concernant les modes de culture le sont moins. L'alimentation non seulement du stressé, mais aussi d'un peu tout le monde, est de plus en plus rapide. Certains parlent même de « macdonaldisation » et de « malbouffe… » même si elles ne concernent pas tout le monde.
Il est un fait que les rythmes de vie ne laissent pas toujours le temps de manger équilibré, et certains affirment aussi bien chez les spécialistes que dans le grand public, que la qualité de nos aliments n'est peut-être pas aussi bonne que celle de la nourriture de nos aïeux…

• *Biologie et biochimie du stress*

Les réactions biochimiques liées au stress sont grosses consommatrices d'énergie et de nutriments énergétiques : oligo-éléments, sels minéraux, vitamines et acides aminés. En conséquence, il importe de veiller à équilibrer son alimentation, et le rythme de ses repas si l'on veut ne pas être pénalisé et posséder tous ses moyens dans toute situation.

Sommes-nous malgré tout carencés au départ ?

On peut considérer que le statut nutritionnel de tout le monde est actuellement altéré par des subcarences plutôt que des carences, dont différentes enquêtes ont montré en France et ailleurs la réalité.

Les principales raisons en sont :

— Lessivage des sols,
— Pesticides,
— Traitements de conservation des aliments,
— Raffinage, épluchage, lavage des aliments,
— Modes de cuisson « agressif ».

Un véritable cercle vicieux s'instaure : il existe au départ une vulnérabilité innée du sujet, c'est-à-dire une propension à développer de l'anxiété. Personne n'y échappe, même si certains s'y prennent mieux que d'autres en certaines circonstances. Le fait d'échouer dans ses tentatives d'adaptation au changement induit un déséquilibre biologique et micronutritionnel qui renforce encore cette propension à l'anxiété. Et celle-ci favorisera encore les échecs à venir, etc.

La prise de certains médicaments peut elle-même aggraver cette situation : les benzodiazépines accentuent les carences micronutritionnelles en vitamines et oligo-éléments. Les situations de stress entraînent des déperditions de Magnésium, Potassium, Zinc, Cuivre, Fer, vitamines B1, B2, B6, et de certains acides aminés comme le tryptohane (J.P. CURTAY).

Enquête du Val-de-Marne (1991)
Insuffisance des apports en micronutriments

	FEMMES		HOMMES	
	18-50 ans	>50 ans	18-50 ans	>50 ans
Fer	>95%	>55%	>15%	>5%
Mg	>80%	>90%	>60%	70%
Zinc	>90%	>90%	>80%	90%
Cuivre	>80%	>80%	>55%	>55%
Calcium	>30%	>30%	>25%	>20%
Vitamine B1	>80%	>80%	60%	>70%
Vitamine B2	40%	60%	>40%	60%
Vitamine B6	90%	90%	80%	90%
Vitamine B9	>60%	>50%	>40%	40%
Vitamine C	>30%	>15%	>35%	>25%
Vitamine A	>50%	>60%	>60%	>50%
Vitamine E	100%	100%	100%	100%

Tableau du pourcentage d'hommes et de femmes selon deux tranches d'âge, qui ne reçoivent pas les quantités suffisantes ou Apports Quotidiens Recommandés (AQR) en différents micronutriments

Les micronutriments énergétiques spécifiques du stress
De nombreux auteurs ont démontré :
— soit l'augmentation de la vulnérabilité au stress, lors de carences en Magnésium,
— soit au contraire la meilleure tolérance au stress, par apport complémentaire de Magnésium.

Le **Magnésium** est, selon J-P. CURTAY, un élément clé de la bioénergétique. Le déficit magnésien entraînerait une plus grande sécrétion d'adrénaline, dont une des conséquences indirectes est de favoriser... la fuite urinaire du Magnésium : le cercle vicieux est installé.

L'anxiété associée souvent au stress serait, toujours selon cet auteur, favorisée par une carence nutritionnelle en **vitamine B6** qui joue un rôle important dans la sécrétion de certains *neurotransmetteurs*.

Enfin, il relève l'influence d'un acide aminé, la taurine, capable d'agir aussi en amont sur la vulnérabilité au stress et en aval sur les conséquences du stress.

Les principales sources de ces micronutriments sont :
1. Magnésium : eaux minérales, céréales, poissons dits « gras » (thon, maquereau, sardines, saumon etc.), amandes, noix, noisettes, bananes, etc.
2. Vitamine B6 : le foie, œufs, soja, avocat, les poissons dits « gras », riz complet, bananes, noix et champignons
3. Taurine : fruits de mer, les algues et les poissons.

• *L'alimentation du stressé*

Il devient donc indispensable d'introduire dans la prise en charge thérapeutique de ces patients, une information diététique et éventuellement des compléments nutritionnels visant à traiter les subcarences, ou les carences. A défaut de supprimer les causes d'un excès de stress, autant agir pour lutter contre les fuites de « combustibles » (que sont les nutriments) et réparer les capacités défensives et adaptatives du sujet.

Voici quelques grandes lignes d'une diététique du stress :

Devraient être éliminés de nos habitudes alimentaires (mais pas de nos exceptions bien sûr) : sucres raffinés, farines blanches, pain blanc, et cuisine au beurre.
Il faut réduire les graisses animales, le sel.
Consommez de la viande blanche plutôt que rouge, enlever la peau des volailles, et privilégier le poisson ainsi que les fruits de mer. La cuisson doit être la plus simple possible, grillée, pochée, vapeur ou en papillotes.
Modérez le plus possible la consommation d'alcool, de caféine, et de tabac, même si ces éléments donnent l'impression d'aider à supporter le stress. Ce sont des pièges au même titre que les drogues. En profiter pour augmenter les rations de boissons non alcoolisées comme l'eau (minimum 1.5 litre par jour) ou les jus de fruits naturels.
Augmentez les proportions de légumes et de fruits qui apporteront vitamines et sels minéraux, ainsi que les fibres que l'on retrouve aussi dans les farines, pâtes, riz et pain complets, dans les légumineuses (lentilles, pois chiches, haricots blancs, etc...).
Préférez les huiles végétales crues, et peu cuites.

Inutile d'insister sur la régularité des repas, tout le monde le sait, mais personne n'a le temps de le faire, ni de manger et de mastiquer lentement. Combien de douleurs gastriques et de retard de digestion seraient pourtant évités.

Adaptez l'alimentation à ce que l'on va faire : plus énergétique en cas de dépense physique importante, de « drainage » en cas d'excès récents, mieux répartie dans la journée avec un petit déjeuner conséquent… Là aussi, ne pas suivre la mode, mais son goût. Mais attention, si le goût est donné à tous, le bon goût s'apprend.

Il n'est pas question en fait d'interdire définitivement quelque chose.

Les écarts sont tout à fait possibles heureusement. Pas de monotonie ! A condition qu'ils ne restent que des écarts que l'on pratique au moment opportun.

4. Les dérivatifs

Tout stressé qui se respecte a tendance à utiliser des dérivatifs plus ou moins toxiques, partie intégrante de ses stratégies d'ajustement face aux stresseurs, pour faire baisser la tension émotionnelle qu'il peut ressentir.

Ce sont le tabac, l'alcool, les drogues, le café, mais aussi le chocolat, la télévision, Internet, ordinateur, etc. Au-delà d'un certain seuil, ces pratiques sont génératrices de stress, et même de risque certain pour la santé de l'individu. Il faut donc les réduire le plus possible, et proposer d'autres exutoires pour minimiser anxiété, angoisse et autres émotions négatives.

On peut aussi proposer une alternative avec d'autres dérivatifs non toxiques qui auront les mêmes fonctions sans toxicité :
- Activités ludiques individuelles ou en groupe,
- Activités culturelles,
- Activités associatives,
- Etc.

Nous en reparlerons dans le paragraphe suivant. Leur finalité est d'entraîner une « distraction » momentanée. Tant que le problème qui nous stresse ne sera pas résolu, nous aurons tendance à maintenir un état de vigilance et de réflexion très actives qui nous épuisent. La distraction autorise ce repos en utilisant d'autres fonctions, pour permettre ensuite le retour vers nos préoccupations avec un autre œil ou un œil plus neuf, et peut-être de trouver la solution plus vite… En tout cas, même si ça ne fonctionne pas, ce sera toujours un peu de détente et une économie de conséquences fâcheuses pour nous et notre entourage.

5. Les activités de détente et de loisir

Tout le monde a eu envie de faire quelque chose pour « son stress ». Depuis la pratique du sport, d'un loisir, d'un hobby, jusqu'aux activités culturelles, il existe beaucoup de solutions pour se distraire, au sens d'extraire son cerveau d'un situation difficile et de se changer les idées. L'intérêt est effectivement de retourner plus détendu vers ce qui nous occasionne tant de soucis, et pourquoi pas, de reconsidérer avec un autre regard des aspects problématiques de notre vie de manière moins dramatique.

Le choix se fait le plus souvent en fonction de ses goûts, ou sur les conseils avisés de quelqu'un pratiquant assidûment un loisir. Là aussi, l'intérêt est de pratiquer assez régulièrement, sans tomber dans l'excès dont on a déjà vu les conséquences. Ces activités ont des effets positifs très appréciables et peuvent suffire à réduire considérablement les aspects émotionnels négatifs des situations stressantes même si elles ne résolvent pas directement les problèmes. Et cela est d'autant plus vrai et efficace que l'on a pris l'habitude très tôt de les intégrer dans sa vie.

Selon le tempérament de chacun, on pourra s'orienter vers des activités qui :

extériorisent, comme le sport, la pratique du théâtre, de l'expression corporelle, etc.

intériorisent, comme la relaxation, la méditation, la pêche à la ligne, la peinture, etc.

Les premières permettent de se défouler en étant tournées vers l'extérieur, et conviennent bien aux personnes qui ressentent le besoin d'exprimer, d'extérioriser un trop plein d'énergie. Mais elles peuvent aussi apporter beaucoup à d'autres qui ont justement du mal à manifester leurs sentiments ou leurs idées, et se révèlent alors de véritables écoles d'apprentissage de l'expression sous toutes ses formes.

Les secondes s'adressent aux personnes qui ressentent un « bouillonnement » épuisant, et qui recherchent l'apaisement. Pour un sujet ordinairement extraverti, ce type d'activité peut s'avérer difficile à envisager, mais peut lui permettre après effort d'adaptation, de régulariser son énergie. Pour un sujet ordinairement introverti, il risque d'augmenter sa tendance à se replier sur lui-même s'il se confinait uniquement dans cette voie.

La pratique régulière et non excessive de telles activités est indispensable à l'équilibre global des sujets stressés : coupure avec le milieu stressant, source de plaisir qui devient recharge d'énergie.

6. La thalassothérapie

• Qu'est-ce que la thalassothérapie ?

Pourquoi parler de thalassothérapie ici ? Parce mon expérience professionnelle dans ce domaine m'a largement démontré qu'elle recouvrait l'ensemble des éléments que nous venons de voir sans compter son impact psychologique très favorable. Elle est pour moi le moyen le plus complet et le plus naturel qui soit pour effectuer une bonne récupération après une période de stress de quelque nature que ce soit.

Elle se définit comme l'utilisation thérapeutique des propriétés de l'eau de mer, de ses dérivés et du climat marin, et représente l'occasion de faire le point sur les « dégâts » occasionnés par les mois (ou les années) passés, sur son organisme. C'est l'occasion de se « détoxiner », de se « décrasser » tant au physique qu'au mental.

• *Comment une cure de thalassothérapie peut-elle être bénéfique plus particulièrement chez les stressés ?*

L'explication réside dans cinq phénomènes :

L'effet « break » : coupure avec le milieu stressant
Il est certain que la thalassothérapie est une démarche « égoïste » qui amène à s'intéresser à soi, à son corps et à son mental.

Dans le cadre d'une cure, cet objectif est aisément réalisé. Il faut s'éloigner de ce qui est cause de soucis, voire de tourments, ne serait - ce que pour souffler et se régénérer.

La prise en charge de type « cocooning »
Il s'agit d'accepter… de se laisser aller !

La déambulation en peignoir, la nudité ou presque sous les peignoirs, favorisent un certain lâcher prise vis-à-vis des conventions et attitudes réglées du quotidien.

Ceci amène à une plus grande réceptivité vers les aspirations naturelles de chacun qui sont souvent contraintes ou refoulées dans nos activités de tous les jours. Les soins apportés au corps sont plus performants du fait de cette ouverture à la fois vers les besoins de son corps et vers les attentions dispensées par le personnel de l'Institut.

Il s'en suit un phénomène de « maternage » mieux accepté par la clientèle féminine que masculine d'ailleurs. À ce propos, les mentalités semblent quand même évoluer, la fréquentation masculine des centres de thalasso est en augmentation. Même s'il existe un à priori négatif des hommes vis-à-vis de la thalasso au départ de la cure, il s'estompe très vite du fait du bien-être ressenti et surtout du fait de l'acceptation par ces hommes de reconnaître que leurs corps ont aussi besoin de… douceur !

La recharge en oligo-éléments et sels minéraux
Ils sont souvent « défaillants », comme nous l'avons déjà vu, du fait de nos conditions alimentaires modernes. Leur réserve dans l'organisme s'épuise lors des épisodes de stress qui sont de gros consommateurs de ces éléments. Le passage transcutané de ces particules permet la recharge corporelle, à condition que certains impératifs soient respectés. En, effet, le simple fait de passer huit jours au bord de mer n'aura nullement l'impact d'une thalassothérapie.

Les soins sont dispensés en eau de mer chauffée (34 à 36 degrés), chauffage indispensable à la pénétration des oligo-éléments (DUBARRY), mais qui ne doit pas dépasser 40 degrés. Des vacances d'une semaine à la mer ne donneront pas les effets toniques et destressants d'une semaine de cure de thalassothérapie.

La recharge en ions négatifs

Tant au cours des soins que dans le climat environnant, elle représente une véritable recharge énergétique des « batteries » épuisées par les conditions modernes de vie. Chauffages électriques, moquettes, appareils électriques, poussière, pollution sont des destructeurs d'ions négatifs et des producteurs d'ions positifs. Pour comprendre la différence fonctionnelle entre les deux, il faut imaginer ce qui se passe avant un orage et après. Avant l'orage, tout le monde a observé ces phénomènes de tension et d'irritabilité d'autant plus importants que l'on est en situation de… stress et l'analyse électrique de l'air montre la saturation en ions positifs. Après, il existe un sentiment de détente physique et mentale accompagné d'une saturation de l'air en ions négatifs. La cure de thalassothérapie agit comme l'atmosphère d'après orage, notamment par les aérosols marins extérieurs et naturels, ou ceux réalisés par le biais d'appareillage simple et n'utilisant que de l'eau de mer pure. Il existe un passage privilégié de ces ions négatifs par les muqueuses respiratoires qui en absorbent 15 fois plus que la peau.

La détoxination

On appelle ainsi l'ensemble des processus mis en œuvre pour évacuer les toxines d'un organisme.
Cette détoxination est normalement dévolue aux différents processus d'élimination : sueur, respiration, mais surtout urines et matière fécales. Leur travail est normalement suffisant en conditions « normales » d'utilisation du corps humain.

Il n'en va pas de même en cas de surmenage. Lors d'efforts physiques : il y a retard à l'élimination des déchets qui peuvent même s'accumuler.

On peut émettre l'hypothèse fort probable que toute forme de surmenage psychique, y compris celle liée au stress professionnel, s'accompagne d'accumulation de déchets toxiques.

D'autre part, trois autres facteurs concourent à cette accumulation de déchets, même si nous ne sommes pas stressés, c'est tout dire :

1. Alimentation déséquilibrée et pourtant encore trop riche (tous les pays du monde développé voient augmenter leur nombre d'obèses, notamment chez les enfants, sauf la Finlande),
2. L'insuffisance d'apports d'eau de boissons,
3. La sédentarité.

Ainsi, par accumulation, défaut d'élimination, carences alimentaires, apports non adaptés, se constitue un véritable « encrassement » des organismes. Le principal témoin en est le sentiment de fatigue globale, qui apparaît en général bien avant que les examens biologiques ne révèlent quoi que ce soit.

Les soins marins semblent particulièrement adaptés à cette fonction de détoxination. Les études sur les effets des enveloppements d'algues et surtout de boues marines ont clairement montré les échanges entre la peau et l'enveloppement, par apport d'électrolytes et évacuation de déchets.

Au total, la détoxination est à la fois un préalable indispensable à toute recharge, et en même temps une conséquence de celle-ci. Ses effets dureront d'autant plus longtemps que de meilleures habitudes seront prises ensuite.

Mais la thalasso, c'est aussi

— la réalisation de bilans diététiques, qui amène une prise de conscience des erreurs alimentaires tant quantitatives que qualitatives. Elle permet le rééquilibrage nutritionnel à poursuivre chez soi.

— la reprise d'activités sportives en dehors des soins, ou la réhabilitation au sport après arrêt consécutif à une maladie. Elle complète la modification des habitudes de vie vers une meilleure hygiène globale. Cette activité physique devra être continuée au retour dans son milieu, et intégrée à l'emploi du temps du sujet.

— la présence d'un médecin ouvert aux problèmes tant psychiques que somatiques des curistes. Il dispose d'un temps d'écoute privilégié, et se doit d'amener le curiste à prendre conscience de l'effet starter d'une cure marine.

— la possibilité d'effectuer une approche de techniques plus particulières, comme le yoga, la sophrologie, etc. à la recherche du meilleur équilibre physique et psychique possible. Il s'agit bien sûr plus d'initiation que de véritable thérapie, mais qu'il est tout à fait possible de poursuivre une fois rentré chez soi.

Une cure de thalassothérapie, démarche égoïste au bon sens du mot, autorise non seulement un effet relaxant et tonique à la fois, mais aussi un retour vers soi et à ses véritables aspirations, une réappropriation de son corps, et la découverte quelque fois de potentialités ignorées.

Il y a une vie après la thalasso. L'important est de profiter de ce séjour pour d'abord « assainir » un organisme intoxiné par la pollution à tous les sens du mot, « recharger » globalement ensuite ce même organisme, et lui permettre ainsi une reprise optimale de son mode de vie habituel.

LES IDÉES « PHARE » ET CONSEILS PRATIQUES

L'ACTIVITÉ PHYSIQUE

- **Comment s'y mettre ?** *Passé 40 ans et plus, commencer par un bilan médical, avant de se remettre au sport. Pour les autres, démarrer doucement et progressivement.*

- **Quel sport ?** *Selon son goût et sa raison, celui qui sera le mieux adapté à ses besoins et ses moyens. (De préférence un sport dit complet)*

- **Où en faire ?** *Plutôt à l'extérieur, ne serait-ce que pour l'oxygénation et l'exposition à la lumière naturelle.*

- **Combien de temps ?** *Plutôt que quelques accès violents, sans effets durables et même dangereux, s'inscrire dans la régularité et la durée (Mieux vaut seulement 20 minutes trois fois par semaine pendant 20 ans que 2 heures quelques samedi dans l'année, et pas toutes les années encore…)*

L'ALIMENTATION

- **Quand manger?** *Trouver sa régularité, et adapter les entrées (aliments) aux sorties (dépenses énergétiques réelles)*

- **Quoi manger?** *Eaux minérales, poissons, viandes blanches, céréales complètes, fruits et légumes frais*

- **Que réduire?** *Excitants et toxiques (café, tabac, alcool), sauces et matières grasses*
- **Combien de temps?** *Plutôt qu'un régime strict mais ennuyeux et donc forcément temporaire, mieux vaut s'inscrire dans la durée et la régularité, avec quelques exceptions.*

POUR UNE BONNE NUIT DE SOMMEIL...

Quand et combien de temps dormir?
Avant tout connaître et respecter ses rythmes

Comment s'y préparer?
Préférer au « fauteuil-télé » du soir, une petite
« marche-digestive »
Prendre un livre en se couchant pour distraire son esprit
Consommer une tisane calmante (Tilleul par exemple)
ou autre produit naturel
Pas d'excitants après 16 heures (café, thé, etc.)

DÉRIVATIFS ET DISTRACTIONS

Lesquels réduire? *les dérivatifs avec accoutumance et dépendance, c'est à dire ceux dont on ne peut plus se passer, quand on est pas obligé même d'augmenter les « doses »…*

Lesquels pratiquer? *Selon que l'on ait besoin de s'extérioriser ou au contraire de rechercher une paix intérieure :*
— *activités pour se défouler ou tournées vers l'extérieur (sport, théâtre, etc.)*
— *activités orientées vers un retour sur soi-même (peinture, relaxation, etc.)*

LA THALASSOTHERAPIE : principales qualités

— **Effet de coupure :** *éloignement du milieu stressant*
— **Effet de maternage :** *laisser aller et prise en charge*
— **Effet de recharge :** *apports d'oligo-éléments et d'ions négatifs*
— **Effet de détoxination :** *éliminations de déchets et toxines*
— **Actions complémentaires :** *bilan médical, diététique, sport, relaxation, etc.*

8

Adopter
des stratégies
psychologiques

Nous verrons d'abord les stratégies que nous mettons spontanément en place en situation de stress, qu'elles soient inconscientes ou conscientes.

Puis nous aborderons les voies d'amélioration possibles ou axes de progrès.

1. Les stratégies spontanées

• Sur le plan de l'inconscient

Il n'est bien sûr pas possible d'envisager toutes les facettes inconscientes qui interviennent dans nos actions quotidiennes : elles sont innombrables, et totalement liées à notre vécu personnel. Elles sont le plus souvent accessibles uniquement à des techniques de type psychanalytique, impossible à mettre en œuvre ici. Je me limiterai donc à une seule approche, compréhensible par tous et sur laquelle vous pouvez avoir des moyens d'agir. Il s'agit des mécanismes de défense ou d'adaptation.

Cette approche, bien entendu, ne prétend pas expliquer les mécanismes intimes de l'aventure de chacun : le « pourquoi » est, et restera toujours une affaire individuelle. Il s'agit plutôt du « comment » c'est-à-dire d'outils psychiques que nous avons à notre disposition, qui sont les mêmes pour tous, et dont la fonction première est de faciliter la gestion de notre anxiété. Comme tout remède, ces outils peuvent devenir pire que le mal dans certains cas, ou inefficaces. Rappelons à ce sujet que la névrose n'est en aucun cas une maladie, mais une construction psychique défensive, unique pour chacun de nous, qui nous autorise malgré nos angoisses une vie relationnelle majoritairement acceptable, et nous confère un particularisme qui nous est propre et unique. La santé mentale serait ainsi la capacité à identifier sa névrose, à vivre avec, le tout sans répercussion nocive pour l'entourage.

Les mécanismes de défense : définitions

Les auteurs ne sont pas toujours d'accord sur ces mécanismes, certains estimant qu'il en existe autant qu'il existe de sujets ; je vous en propose ici une approche personnelle.

Toute relation, dans sa finalité d'adaptation à l'environnement (familial, professionnel, etc.) peut générer à certains moments plus ou moins d'anxiété. Chacun de nous a ses modes préférés de réaction à ces situations anxiogènes. Ces modes réactionnels inconscients sont des processus de défense, faisant partie intégrante de nos mécanismes d'adaptation. Ils ont pour fonction essentielle, dans notre personnalité, de réduire les multiples tensions provoquées par l'existence. Mais en aucun cas ils n'auront d'utilité pour trouver la ou les solutions au problème posé.

Toute personne devrait apprendre à reconnaître ses modes réactionnels d'adaptation habituels afin d'améliorer sa relation au monde et aux personnes. En effet, ils interviennent dans nos comportements verbaux ou non verbaux comme autant de messages codés pouvant surqualifier ou disqualifier notre propos, en tout cas donner plus de sens sur notre but réellement poursuivi. Vous trouverez en fin de cette quatrième partie un test fort simple qui vous permettra d'identifier d'abord vos propres mécanismes de défense, et éventuellement ceux des autres.

Quels sont ces mécanismes ?

le refoulement	le déplacement
la rationalisation	la compensation
la sublimation	le fantasme
la formation réactionnelle	la régression
l'identification	la projection
le déni	l'isolation

Le refoulement : ce mécanisme représente le rejet inconscient, donc hors du champ de la conscience, d'envie ou de souvenirs douloureux, ou bien l'oubli d'un événement proche dans le futur et que nous avons des raisons d'appréhender.
Le refoulement pourra malgré tout s'actualiser dans l'acte manqué, le rêve et le *lapsus linguae*, mais sous une forme plus ou moins codée

EXEMPLE ► *Oublier un rendez-vous auquel on n'a pas envie de se rendre.*

La rationalisation : c'est un mécanisme consistant à justifier ses actions, ses attitudes, ses opinions, par des raisons en apparence très logiques, mais qui déguisent la véritable motivation des actes.

EXEMPLE ▸ *Cacher un mauvais résultat professionnel par des explications qui n'en finissent pas sur la conjoncture, les autres, etc.*

La sublimation : processus par lequel des besoins et des motivations socialement tabous peuvent trouver leur expression de manière acceptable, voire valorisante.

EXEMPLE ▸ *Se lancer dans la peinture et créer des œuvres très violentes sur le plan pictural uniquement, ce qui autorise l'expression de sa propre violence sans autre passage à l'acte.*

La formation réactionnelle : tendance par laquelle un individu adopte des comportements qui sont à l'opposé de ceux qu'il n'aime pas lui-même. Il cache ainsi son véritable sentiment ou sa véritable motivation en exprimant le contraire.

EXEMPLE ▸ *Fuir une personne qui nous attire en fait.*

L'identification : intériorisé dans l'enfance, ce type de régulation consiste à adopter le comportement et la manière d'être d'une personne que nous admirons. Ce mode de fonctionnement « par procuration » autorise une véritable annulation de l'anxiété et permet de se sentir plus à l'aise et de faciliter son acceptation dans de nouveaux groupes.

EXEMPLE ▸ *Imiter les façons de faire d'une personne que l'on considère comme un modèle.*

Le déplacement : comportement en général d'agressivité ou d'hostilité dirigé non vers la personne ou l'objet concerné, mais vers un substitut. Ce déplacement peut être direct ou indirect, et se produit lorsque les circonstances ne permettent pas l'expression ouverte et directe de ce sentiment.

EXEMPLE ▸ *Sortir en colère du bureau de son patron, sans avoir pu lui dire ce qu'on pensait, et se défouler en donnant un grand coup de pied dans la porte...*

La compensation : comportement visant à se surpasser dans un domaine pour compenser un sentiment réel ou imaginé d'infériorité dans un autre domaine.

EXEMPLE ➤ *S'investir dans une activité de club (sport ou autre) où l'on peut exercer son talent avec plus d'efficacité qu'au travail.*

Le fantasme : production imaginaire qui autorise quelque chose et qui ne demande pas à être actualisée.

Défensivement, il permet ainsi de s'évader dans le monde du rêve quand les problèmes réels et concrets deviennent trop pressants. Il agit comme un refuge et une activité « compensatoire ».

EXEMPLE ➤ *Travailler péniblement à la chaîne toute la journée, et s'endormir en s'imaginant être à la place de son patron.*

La régression : élaboration de comportements et de réactions par un individu en situation de frustration intolérable, semblables à ceux utilisés par l'enfant.

EXEMPLE ➤ *Se mettre à sucer certains objets de son bureau : stylo, crayons, etc. en souvenir inconscient de l'enfant qui tète pour se rassurer.*

La projection : tendance à attribuer aux autres ses propres sentiments, que l'on en ait conscience ou non. Cela permet de réduire ou d'éviter l'anxiété provoquée par la reconnaissance d'instincts, de désirs plus ou moins cachés. Quand nous tentons de comprendre l'autre, nous lui prêtons ainsi des motivations qui sont en fait les nôtres.

EXEMPLE ➤ *Être attiré par quelqu'un, et lui prêter les mêmes sentiments sans que rien ne permette concrètement de l'affirmer.*

Le déni : perception et constatation de la réalité par le sujet, mais qui en ignore certains éléments péjoratifs ou insupportables.

EXEMPLE *Comportement du sujet qui commet sciemment une faute professionnelle, tout en niant la gravité de son geste.*

L'isolation : où le cours de la pensée se bloque autour d'une idée ou d'une représentation empêchant ainsi la compréhension de ce qui arrive.

EXEMPLE *Capacité pour un sujet de parler de la mort d'un de ses proches par exemple, sans la moindre émotion apparente : il l'isole de toute valeur émotionnelle.*

La fonction de tous ces mécanismes est donc de faire baisser la tension émotionnelle engendrée par une situation anxiogène.

EXEMPLE *Yvan est un orateur inexpérimenté et ayant peur de prendre la parole en public : peur de ne pas être à la hauteur, peur de décevoir, peur de ne pas emporter l'adhésion de son public. Cette situation est donc anxiogène pour lui, se traduisant par divers symptômes : palpitations, bouche sèche, et trous de mémoire. Pour y remédier, il pourra par exemple utiliser :*
*• **L'identification :** parler comme tel orateur qu'il connaît et dont il apprécie l'aisance en public, en utilisant certaines de ses manies et habitudes.*
*• **La régression :** porter à sa bouche son stylo, ou autre objet.*
*• **La rationnalisation :** face à un trou de mémoire, justifier d'un raisonnement complexe pour faire en sorte que l'auditoire ne s'en rende pas compte.*
   Etc.
Yvan doit comprendre que toutes ces « techniques », tout à fait banales et parfaitement humaines au demeurant, n'auront aucun effet positif dans le sens d'être à la hauteur, et de faire adhérer son public à son discours. Simplement, elles lui permettront d'être

moins mal à l'aise et focaliseront son attention sur les risques encourus au détriment du but réellement poursuivi. Mais s'ils ne les utilisaient pas, le résultat serait peut-être pire encore.

Il importe donc d'identifier et de reconnaître ces mécanismes de défense, et ce pour deux raisons :
— pour ne pas s'en contenter, et même s'y enfermer,
— et ensuite, ouvrir la voie à la véritable résolution du problème.

• *Sur le plan cognitif*

Ces stratégies spontanées sont mises en place après les phases d'évaluation et d'estimation que nous avons vues au chapitre 2 de la première partie. Nous les développerons plus complètement ici.

Évaluation de la situation : Menace ou Défi ?

Évaluant la situation de façon totalement subjective, l'individu adoptera ensuite un plan d'action qui lui permettra d'agir sur la situation et de tenter d'en modérer l'impact émotionnel. De son efficacité dépendra l'adaptation plus ou moins réussie du sujet, et d'éventuelles conséquences sur sa santé.

Cette évaluation est double : il s'agit d'abord d'estimer si la situation peut mettre en danger son bien-être, et de savoir dans quelle mesure elle peut représenter pour lui une menace ou au contraire un challenge. La perception dite « de menace » générera des émotions négatives (peur, colère, etc.), la seconde dite « de défi » des émotions positives (joie, plaisir, etc.). Nous avons déjà vu, aux unes comme aux autres, leur rôle modificateur dans la perception du stress.

Le stress est au départ neutre, c'est la coloration émotionnelle que nous lui donnons qui en fera un stress positif ou négatif selon qu'on aborde la situation comme une menace ou un défi.

Estimation de ses ressources personnelles : ai-je un pouvoir d'action sur la situation ?
Selon les domaines concernés, une personne peut avoir ou non le sentiment d'un contrôle possible sur ce qui lui arrive : nous appellerons ces domaines les Univers de Contrôle.

Il existe ainsi deux domaines, eux-mêmes subdivisés en sous-domaines :

— dans le domaine du **rationnel**, on retrouvera :
　　SOCIAL : politique, social, travail
　　PHYSIOLOGIQUE : maladie, mort, hérédité.
— dans le domaine de **l'irrationnel**, on retrouvera :
　　ALÉATOIRE : chance, destin, hasard,
　　AFFECTIF : religion, les « autres », les sentiments.

Les univers de contrôle

UNIVERS DE CONTRÔLE	
A composante rationnelle	**A composante irrationnelle**
« Social » (politique, social, travail)	« Aléatoire » (chance, destin, hasard)
« Physiologique » (maladie, mort, hérédité)	« Sentimentale ou Affective » (religion, les « autres », les sentiments)

Ainsi par exemple, un sujet peut très bien estimer avoir une certaine maîtrise des événements de sa vie sociale, mais aucune dans sa vie affective.

L'ensemble des cas de figure possibles :

Aspects rationnels de la vie
- **Rationalité sociale faible ou élevée :** le sujet, dans sa vie sociale, considère avoir peu ou au contraire beaucoup d'influence ou de pouvoir de décision en ce qui le concerne lui-même ou son environnement.

- **Rationalité physiologique faible ou élevée :** le sujet pense avoir peu ou beaucoup d'influence en ce qui concerne la maladie, la mort ou son hérédité.

Aspects irrationnels de la vie
- **Irrationalité « aléatoire » faible ou forte :** le sujet considère que sa vie est subordonnée ou non à l'influence de facteurs tels que la chance, le destin ou le hasard.

- **Irrationalité « sentimentale » faible ou forte :** le sujet confie ou non le contrôle de sa vie à des personnes aimées (physiques ou divines).

Avoir un Univers de Contrôle Interne (UCI) signifie donc :
1. Avoir une rationalité sociale et physiologique élevée, croire en sa capacité à modifier peu ou prou le cours des événements de sa vie
2. Avoir une irrationalité aléatoire et sentimentale faible, et ne pas s'en remettre pour ce qui concerne les événements majeurs de sa vie au hasard ou à l'influence affective de qui que ce soit.
3. ou les deux en même temps, à des degrés variables.
Les personnes ayant donc un UCI gèrent globalement mieux les situations de stress.

Avoir un Univers de Contrôle Externe (UCE) signifie
donc :
1. Avoir une rationalité sociale et physiologique faible,
   ne pas croire en sa capacité à modifier peu ou prou le
   cours des événements de sa vie.
2. Avoir une irrationalité aléatoire et sentimentale forte,
   et s'en remettre pour ce qui concerne les événements
   majeurs de sa vie au hasard ou à l'influence affective
   de qui que ce soit.
3. ou les deux en même temps, à des degrés variables.
Les personnes ayant un UCE gèrent globalement moins
bien les situations de stress.

La principale exception à cette règle intéresse les situations
où le sujet est stressé par quelque chose sur lequel il n'a
manifestement plus aucun pouvoir d'action : condamné à
mort sur le point d'être exécuté, malade au stade terminal
d'une maladie très grave, etc.

Estimation de ses ressources sociales
Il s'agit, après ces deux premières étapes, de disposer et
d'utiliser le soutien d'un entourage appelé alors support
social :
— sur le plan des informations qu'il est susceptible
  d'apporter,
— sur le plan des encouragements d'ordre affectif
  qu'il peut fournir,
— sur le plan de l'assistance matérielle qu'il peut offrir.
Cette aide n'est bien sûr pas obligatoire, en tout cas dans
toutes ces dimensions, mais s'avère le plus souvent un
agent de résolution accélérée des situations à problème.

Les sujets qui utilisent correctement leur support social
ont une meilleure gestion de leur stress.

Mise en place de la stratégie d'ajustement ou de coping : A ce stade, muni des éléments précédents, il est maintenant possible de construire des stratégies d'ajustement au stress (SAS ou coping). Que les événements soient majeurs ou mineurs, qu'ils soient vécus comme des menaces ou des défis, ils vont entraîner des perturbations qui nécessiteront leur mise en place, c'est-à-dire à la fois des pensées, puis un plan et des actions.

Ces SAS sont orientées selon trois axes possibles :
— soit axées principalement sur la prise en compte du problème,
— soit principalement sur l'émotion,
— soit sur la recherche d'information.

Elles comportent chacune un certain nombre de modalités qui seront soulignées dans le texte qui suit.
1. Stratégie d'ajustement axée sur le problème : elle est caractérisée par l'action. De la bonne gestion active du problème découlera une réduction des émotions et de la détresse. Par exemple, **vigilance** et **focalisation** permettent une meilleure prévention et contrôle de la situation par la recherche d'informations et mise ne place de plans d'action. Les **efforts comportementaux actifs** visant à modifier les termes mêmes de la relation personne environnement reposent sur un esprit combatif et **l'élaboration de plan d'action** pour transformer la situation en cours.

2. Stratégie d'ajustement axée sur l'émotion : elle vise à réduire celle-ci, mais sans tenter de régler le problème causal. Les activités liées au **déni** visent ainsi à modifier et altérer la signification subjective de l'événement.

Ces stratégies peuvent utiliser aussi la **distraction** (penser à autre chose), la **dérision**, l'ironie ou la pratique de l'humour à plus ou moins forte dose. Elles tentent d'augmenter les aspects positifs de la situation et/ou d'en diminuer les aspects négatifs. Elles ont pour but de diminuer les émotions négatives, et/ou d'augmenter les émotions positives. Enfin, on peut envisager des modalités **d'évitement**, par la pratique d'activités de substitution, la **fuite, les comportements entraînant la dépendance, des addictifs** (tabac, alcool, drogue, etc.), et les stratégies de **recherche de support social**, visant toutes à réguler la détresse émotionnelle. La résolution du problème n'est pas abordée, remise à plus tard ou simplement ignorée et laissée à d'autres facteurs (tiers, chance, temps qui passe, etc.).

3. Stratégie d'ajustement axée sur l'information : elle vise à **recueillir un ensemble de données** provenant à la fois de la **capitalisation de son expérience** et des **apports externes** provenant de l'entourage. Le sujet va faire face en privilégiant cette recherche, ce qui le place un peu en situation intermédiaire des deux précédentes : il prépare son action et se rassure en même temps en trouvant des pistes possibles et des éléments théoriques et pratiques concrètement utilisables. Il est clair qu'une telle attitude exclusive ne résoudrait rien (défaut d'action) et serait bien vite insuffisante face aux tensions émotionnelles. Elle ne peut que s'intégrer aux deux précédentes.

Ces trois axes regroupent donc l'ensemble des actions et pensées élaborées par les individus face aux situations stressantes, malgré la très grande variabilité entre les individus et chez chaque individu dans le temps.

Personne n'utilise qu'un seul axe ou une seule stratégie, mais une combinaison variable des trois, avec prédominance plus ou moins nette de l'une sur les autres.

Il est évident qu'une stratégie d'abord axée sur le problème et sa résolution, avec recherche d'informations et enfin soutien émotionnel par l'entourage est globalement et le plus souvent la meilleure voie possible. Mais là aussi certaines circonstances exceptionnelles peuvent contredire ces propos comme celles que nous avons déjà envisagées.

En clair : d'abord faire face activement au problème, en prenant le soin de s'informer au mieux de toutes les données qui le concernent, et s'appuyer sur un ensemble d'émotions agréables et positives puisées autour de soi.

La combinaison des éléments précédents, à savoir :
— évaluation,
— estimation,
— et stratégie d'ajustement
va déboucher sur deux grands types comportementaux :
1. *Un comportement plutôt défensif :* se dit des actes et des pensées utilisées dans une situation de stress, dans le but de protéger son bien-être physique et psychique :
— sans appréhender les caractéristiques propres au stresseur,
— et sans adapter ses comportements et attitudes à ces caractéristiques.

2. *Un comportement plutôt intégratif :* se dit des actes et des pensées utilisées par un sujet dans une situation de stress, dans le but de préserver son bien-être physique et psychique :
— en intégrant les caractéristiques propres au stresseur,
— en adaptant ses comportements et attitudes.

*Les différentes caractéristiques et leurs combinaisons possibles
pour définir attitudes et actions en situation de stress*

ÉVALUATION	MENACE +	DÉFI +	
UNIVERS DE CONTRÔLE	Interne +	Externe +	
SUPPORT SOCIAL	Positif +	Négatif +	
STRATÉGIE	problème +	émotion +	information

COMPORTEMENT DÉFENSIF	COMPORTEMENT INTÉGRATIF

EXEMPLE ▸ **En gris :** *sujet utilisant préférentiellement* **une stratégie défensive**, *axée sur l'émotion, ayant un* **Univers de Contrôle Externe**, *à* **composante rationnelle physiologique faible** *par exemple, et utilisant mal son* **support social**.

Situation concrète possible : salarié vivant une mutation professionnelle non désirée et vécue menaçante, dont il rejette l'entière responsabilité sur ses supérieurs, la conjoncture et la malchance (UCE), persuadé que de toutes les façons cela a toujours été comme ça de père en fils dans sa famille (rationalité faible), mal entouré ou se repliant sur lui-même (support social insuffisant), et attendant uniquement que ça passe avec quelques coups de gueule et somnifères.

EXEMPLE ▸ **En noir :** *sujet utilisant préférentiellement une* **stratégie intégrative**, *axée sur le* **problème**, *ayant un* **Univers de Contrôle Interne**, *et utilisant bien son* **support social**.

Situation concrète possible : salarié vivant une mutation professionnelle non désirée mais vécue comme un défi, dont il partage la responsabilité avec ses supérieurs, la conjoncture mais pas la malchance (UCI), convaincu qu'il peut influer un tant soit peu sur son destin (rationalité forte), bien entouré (support social positif), et agissant pour faire valoir ses droits et orienter la suite de son histoire dans le sens le plus favorable pour lui-même.

Vous pouvez imaginer toutes les combinaisons possibles…

Ainsi pour chacun, on peut déterminer :
— ses comportements préférentiels
  (défensif et / ou intégratif),
— sa stratégie (émotion / problème / information),
— selon quelles modalités (déni / plan d'action /
  dérision / focalisation / etc.),
— son univers de contrôle (interne ou externe),
— son utilisation positive ou négative du support social,
  et ainsi définir concrètement comment il peut trouver
  des axes de progrès dans la gestion de ses situations
  de stress.

Globalement, on peut estimer que :

— un sujet ayant un Univers de Contrôle Interne (c'est-à-dire pensant contrôler les événements de sa vie), un comportement intégratif avec stratégie tournée vers l'action, et un support social positif, a les meilleuresstratégies d'ajustement au stress.

— un sujet ayant un Univers de Contrôle Externe (c'est-à-dire ne pensant pas contrôler les événements de sa vie), un comportement défensif avec stratégie tournéevers ses émotions, et un support social insuffisant, a les moins bonnes stratégies d'ajustement au stress.

Un « intégratif problème » agit donc avant tout sur le stresseur, sur le problème donc en tentant de comprendre et de modifier ses pensées et actes si nécessaire. Si sa stratégie est efficace, la tension anxieuse diminuera par contrecoup.

Un « intégratif émotion » privilégie avant tout sur les aspects émotionnels et anxiogènes du problème, en tentant de le comprendre (de l'intégrer), et de changer ses habitudes et comportements si nécessaire. S'il réussit à se sentir mieux, le problème n'en sera pas pour autant forcément réglé.

Un « défensif problème » agit sur le stresseur et le problème, mais sans intégrer les particularités de celui-ci. Il se comporte d'une façon « généraliste » en face des situations aversives. Il utilise des solutions non spécifiques du problème, donc plus ou moins bien adaptées, voire toujours les mêmes solutions.

Un « défensif émotion » cherche avant tout à réduire la tension anxieuse, mais là aussi de façon « généraliste ».

Dans les deux derniers cas, on assiste à une compulsion de répétition, qui risque de mener à la répétition des échecs.

L'importance d'un choix stratégique repose sur sa nécessaire efficacité. Celle-ci dépend d'abord et avant tout :
— de l'univers de contrôle du sujet,
— et de son réel pouvoir d'intervention sur les causes de son problème.

Il n'y a pas de mauvaise stratégie, mais des choix adaptés au cas. Les mêmes exceptions s'appliquent encore ici.

En cas de stratégie intégrative axée sur l'émotion, sans souffrance apparente, il vaut mieux quand même renforcer l'approche du problème, sinon le sujet risque de ne soulager efficacement que la tension émotionnelle sans pour autant résoudre ses difficultés.

En cas de stratégie défensive, « problème ou émotion », il paraît nécessaire d'effectuer un véritable travail de changement pour évoluer vers un mode intégratif, plus efficace globalement sur le problème et sur la tension émotionnelle.

Il est important de souligner que la durée d'exposition au stresseur est aussi un facteur primordial dans le choix des stratégies d'ajustement au stress (SAS). Il semble plus favorable d'avoir une SAS « intégrative émotion » plutôt « qu'intégrative action » si l'action du stresseur doit durer et ce d'autant que l'on a peu de prise sur lui (exemple : longue condamnation à la prison). A l'inverse, il semble préférable d'avoir une SAS « intégrative action » si l'action du stresseur est de plus brève durée (exemple : convocation chez son supérieur).

Remarque :
Ce découpage dans le temps des comportements d'ajustement face aux stresseurs est purement virtuel, et à visée pédagogique : dans la réalité, les choses s'effectuent en même temps, et s'influencent mutuellement.
Le stress ne dépend pas seulement du stresseur, ou de l'individu, mais de la relation entre eux d'une part, et eux-mêmes avec leur environnement. L'évaluation de la situation, l'analyse du stresseur, la mise en branle des défenses inconscientes, et les efforts cognitifs conscients constitueront au final la réaction globale du stress, dans l'ambiance émotionnelle de chacun.

• *Conclusion*

Le stresseur passera donc à travers une série de filtres propres à l'individu qui en modifieront la nature et ainsi augmenteront ou diminueront cette réaction de stress. Il existe trois filtres principaux :
• la perception du stresseur, influencée par les expériences antérieures, le soutien social et les croyances y compris religieuses, morales philosophiques, etc.,
• les mécanismes de défense inconscients que nous avons déjà vus,
• les efforts conscients, que ce soit des plans d'action, ou diverses techniques comme la relaxation, exercice physique, etc.

Quelle est l'efficacité du « coping » (stratégie d'ajustement au stress) ?
H. LABORIT disait qu'un contrôle efficace d'événement entraîne des perturbations faibles chez le sujet, tant sur la plan biologique que psychologique. Une stratégie de « coping » est efficace si elle diminue l'impact de l'agression sur le bien-être physiologique et psychologique du sujet.

C'est-à-dire, mieux vous contrôlez ce qui vous arrive et son impact sur vous, moins vous aurez de conséquences fâcheuses pour votre santé.

Globalement, le « comportement intégratif action » paraît le plus efficace, en gérant le problème et en diminuant la tension émotionnelle par voie de conséquence.

Selon les caractéristiques situationnelles, un « coping » centré sur l'émotion sera préférable et plus efficace quand l'événement est bref et non répété, ainsi que lorsque l'événement n'est pas sous le contrôle du sujet.

Certaines formes de « coping », comme les comportements addictifs ajoutent leur propres effets nocifs à ceux de la situation stressante (drogues, alcool, etc.).

D'autres formes de « coping » centrées sur l'émotion peuvent gêner la mise en place de comportements adaptatifs : l'évitement de l'action, du contact des autres, le repli sur soi, peuvent ainsi amener à retarder le diagnostic et le traitement de certaines maladies graves.

2. Les voies d'amélioration

Sur le plan psychologique, il s'agit essentiellement de :
— changer ses automatismes
— et de gérer ses émotions.

• *Changer ses automatismes*

Toutes les considérations qui vont suivre concernent des situations de changement pouvant être à priori surmontées. Certains résument ce point de vue en suggérant qu'il ne s'agit que d'un problème de regard : les sujets qui n'arrivent pas à dépasser une situation stressante, doivent changer « simplement » leur regard sur la situation, et « voir la bouteille à moitié pleine, et non plus à moitié vide » ! A vous de voir…

L'évaluation
C'est une certitude : les personnes qui affrontent les situations comme un défi gèrent mieux le stress que les autres. Il est donc souhaitable :
1. d'aborder le changement comme un challenge
2. d'éviter d'y voir une menace
3. de l'envisager avant tout sous ses facettes positives

4. de lister surtout les avantages de la situation actuelle et ceux de la situation à venir,

5. de ne pas focaliser sur les inconvénients,

6. de hiérarchiser les avantages et inconvénients,

7. d'accorder plus d'attention aux aspects novateurs susceptibles de procurer un enrichissement personnel,

8. de prendre ou reprendre la maîtrise du cours des événements de sa vie. (Les pratiquants de canoë-kayak savent que dans le courant tumultueux, leur seule chance d'avancer là où ils veulent, c'est de pagayer plus vite que le courant.)

9. s'engager fortement dans ses choix,

10. et de penser que le meilleur est encore devant soi.

L'estimation

1. Réviser ses croyances personnelles, c'est-à-dire ses pensées automatisées qui s'expriment dans des habitudes, comme « De toutes les façons, je n'y peux rien », « C'est toujours sur moi que ça tombe », etc. Souvent, elles nous conduisent à une interprétation systématiquement négative des faits et de nos relations, comme « Vu les circonstances, le prochain qu'on vire : c'est moi! », ou à relier le cours des événements péjoratifs à une culpabilité systématique : « C'est de ma faute, j'aurais dû... »

2. Renoncer à l'idée que sa vie est gouvernée totalement par des forces externes à soi dont on subirait les caprices et les imprévisions.

3. Refaire le point sur le cercle de ses proches, amplifier certaines relations de qualité, en réduire (ou éliminer?) d'autres.

4. Faire appel à ses proches mais non pour qu'ils vous offrent leurs solutions, mais leurs informations, leur affection et une aide matérielle si nécessaire.

5. Éviter l'isolement en situation difficile.

Les stratégies d'ajustement.
Adopter le plus souvent un Comportement Intégratif Action, avec
1. des stratégies centrées sur le « problème »,
2. associées à la recherche « d'information »,
3. ce qui minimisera les « émotions désagréables ».

Ce comportement sera le plus performant, et permettra la résolution des difficultés rencontrées, et par contre coup de faire disparaître les tensions émotionnelles négatives.

L'étude des **modalités** utilisées permet de distinguer des modalités positives et négatives, au sens de leur efficacité ou inefficacité dans la résolution d'une situation à problème. Il convient donc après identification, de réduire celles qui sont négatives et d'amplifier les autres en se fixant des axes de progrès réalistes et progressifs.

Ainsi, il est possible de changer ses automatismes quand ils n'ont plus de raison d'être dans une nouvelle situation, ou quand de toutes les façons, ils n'ont jamais été réalistes et efficaces.

• *Mais changer signifie aussi mettre en jeu des émotions*

Elles agiront comme des ressorts défavorables ou favorables au changement.
Et ce, dans la mesure où elles impulseront ou non une dynamique de progrès selon leur nature. En effet, elles sont indispensables au changement, mais ce sont aussi elles qui peuvent engendrer une résistance au changement.

Il faut donc identifier ses émotions et les accepter : nommer ses émotions et surtout ce qu'elles représentent et ce à quoi elles renvoient. Une fois reconnues, procéder par étapes réalistes en s'appuyant sur les « bonnes émotions » comme sur des leviers, sans omettre d'évacuer « les mauvaises » (qui seraient alors des freins).

L'expérience montre que la plupart des individus en difficultés d'adaptation présentent un contrôle émotionnel insuffisant. Ce qui confirme si besoin en était la place et le rôle des émotions dans la gestion de la vie socio-professionnelle. Aussi, nous voudrions dire deux mots sur certaines techniques qui peuvent aider à renforcer ce contrôle, et ce sans médications.

Les moyens simples

Nous passerons rapidement dans la mesure où ils ont été envisagés dans le paragraphe des activités de détente et loisir :

1. Activités d'extériorisation : la pratique des sports de combat, l'expression corporelle, la pratique du théâtre, du chant, etc. Autant d'activités qui peuvent tout à fait aider à faire sortir ses émotions, à les canaliser ou même les défouler.
2. Activités d'intériorisation : le yoga, la méditation, la contemplation, etc. Elles conviendront mieux à certains tempéraments. Ici, s'il s'agit de canaliser et de contrôler, il ne peut être question de défoulement.

A vous de faire un choix et d'en intégrer une ou de la reprendre de façon régulière, sans qu'elle ne devienne épuisante ou une drogue.

Les techniques de relaxation

Leur apprentissage doit être facile et leur mise en pratique aisée, sous peine de découragement et d'abandon. Il ne faut toutefois pas tomber dans la facilité et la schématisation qui seraient sans effet aucun pour le patient. Celui-ci doit pouvoir suivre l'amélioration de ses réponses dans le temps par des mécanismes simples d'auto-contrôle.

Elles abordent les problèmes du sujet par le biais de son corps. Elles peuvent être réalisées en groupe, dans la mesure où la problématique de chacun n'est pas abordée, et la thérapeutique non spécifique de telle ou telle difficulté.

Le patient apprend à reconnaître le lien entre ses émotions et son corps, et à contrôler par l'entraînement ses réactions corporelles. Ce qui est intéressant, c'est justement cette possibilité de pratiquer, après apprentissage, ces techniques de relaxation dans n'importe quel endroit, y compris sur le lieu du travail, et d'avoir ainsi un outil utilisable aisément.

Citons le training autogène de SCHÜTZ, et la relaxation musculaire progressive de JACOBSON.

La finalité de la relaxation est de réduire les réponses neuro-hormonales excessives du stress et donc leurs effets physiques, en même temps que de permettre un meilleur contrôle émotionnel. Comment ? En apprenant à identifier dans les moments de tension les réponses physiologiques inadaptées, en apprenant à les modifier, et ce dans toutes les applications possibles de la vie quotidienne : conduite en voiture, réunions au travail, etc.

Autres techniques corporelles

Elles sont très nombreuses, comme la Gestalt thérapie, l'hilarothérapie ou thérapeutique par le rire, le rebirth (technique de retour sur sa vie pour une seconde naissance) pour la plupart non médicales et souvent choisies par ouï dire ou par effet de mode : il s'agit plus d'une question de goût personnel que d'indication précise.

Les techniques à visée psychothérapique

Depuis la sophrologie jusqu'à la psychanalyse, elles amènent le sujet à une réflexion approfondie sur lui - même, à mieux se connaître. Elles sont indispensables en cas d'échec avéré des autres méthodes, et de persistance des difficultés tant professionnelles que privées.

1. La sophrologie. Elle utilise à la fois la relaxation et la suggestion. Elle permet de développer la confiance en soi et la maîtrise de ses émotions.
2. L'hypnose. On pourrait la considérer comme une « sophrologie plus poussée », puisqu'elle utilise aussi la suggestion. Le sujet hypnotisé se retrouve dans un état de conscience particulier, qui aura été induit soit par l'hypnotiseur, soit par lui - même (auto - hypnose). Cet état est compris comme une dissociation dans sa conscience qui lui permet d'accéder à une plus grande communication avec son corps et son psychisme. La finalité est d'ouvrir le patient à un meilleur fonctionnement psychologique.
3. Autres méthodes : l'analyse transactionnelle (AT.), la programmation - neuro - linguistique (PNL.). Elles ont le mérite de fournir une utilisation quasi immédiate de leurs résultats dans la vie quotidienne.
4. Psychothérapies comportementales, cognitives, psychothérapies de type analytique, psychanalyse. Elles sont applicables en fonction des besoins et des demandes, et entraînent un travail en profondeur sur soi-même permettant une restructuration des « fondations » de l'individu.

LES IDÉES « PHARE » ET CONSEILS PRATIQUES

LES MÉCANISMES DE DÉFENSE (voir aussi le test)

En utilisant la liste fournie dans cet ouvrage :
Repérer les comportements utilisés préférentiellement en situation d'anxiété provoquée par un événement dont on semble perdre le contrôle
Comprendre pourquoi vous les mettez en place
Corriger ceux qui ne sont pas utiles pour résoudre un problème

LES STRATÉGIES D'AJUSTEMENT AU STRESS

Votre évaluation : *aborder les situations à problème comme des challenges*
Votre estimation : *réviser vos croyances pour renforcer votre contrôle sur les événements*
Votre support social : *recherchez dans votre entourage un soutien affectif, matériel et informatif*
Vos choix : *engagez-vous fortement quand vous avez pris une décision*
Vos stratégies d'action : *mettez en place des comportements qui intègrent le stresseur, et centrez-vous sur l'action, sans oublier de vous ménager des moments de distraction*

LES ÉMOTIONS

Les émotions positives : *elles sont à développer parce qu'elles vous procureront des ressources d'énergie, réduiront les émotions désagréables*
Les émotions négatives : *acceptez vos sentiments négatifs sans les nier, et apprenez à les canaliser*
Les techniques : *n'hésitez pas à les utiliser comme le font les sportifs ou les managers, du plus simple au plus complexe, en fonction de vos besoins. Elles vous permettront de renforcer votre contrôle émotionnel et donc votre lucidité*

9

Adopter des stratégies relationnelles

Nous avons évoqué l'importance de la relation et de la communication dans le stress, au point que stress et relation peuvent se confondre chaque fois que nous nous trouvons en situation d'avoir à nous adapter. Dans ces moments-là, le stress est la relation, et la relation est le stress. Si la communication est l'expression de la relation, elle peut aussi exprimer le stress, et en être en même temps à la fois une des causes et une conséquence.

1. Les interactions entre stress, communication et relations

Rappelons que la relation interpersonnelle est prédéterminée par les limites de notre espace vital, comme la communication l'est par nos attitudes aux composantes multiples, et que ceci fournit suffisamment d'éléments complexes pour mériter que l'on aille au-delà de la « simple » approche du sujet et de ses stratégies de « coping » (stratégie d'ajustement au stress).

A quoi sert une relation ? Essentiellement à nous permettre de réaliser des acquisitions au sens le plus large et le plus neutre du terme : acquérir une maison, recevoir un sourire, obtenir une promotion, une augmentation de salaire. Mais en même temps, c'est choisir : choisir de s'engager dans la relation, c'est forcément au détriment de sa solitude ou d'autre chose. Choisir, c'est s'amputer du reste. Mais cela ne va pas sans risques, dont le plus grave : l'échec et la perte. La perte (d'un être proche, d'un bien…) est certainement la situation la plus stressante qui soit. Or, pour certains d'entre nous, ne vaut-il pas mieux refuser de s'engager dans la relation plutôt que de courir ce risque de perte déjà douloureusement vécu, et qui sera probablement réactivé ? Et si cette relation doit malgré tout s'engager, par la force des choses, elle se chargera d'angoisse dans la crainte de cet aboutissement (angoisse de séparation).

Nous pouvons schématiser la relation par une représentation mettant en présence non deux mais trois protagonistes, à savoir les deux interlocuteurs et le lien existant entre eux. On peut supposer que les actions de régulation rendues nécessaires en situation de stress pourront se faire dans trois directions possibles : soit sur soi-même, et c'est ce que nous avons abordé précédemment, soit sur l'autre, soit sur le lien existant entre les deux.

Interactions entre stress, relation et communication

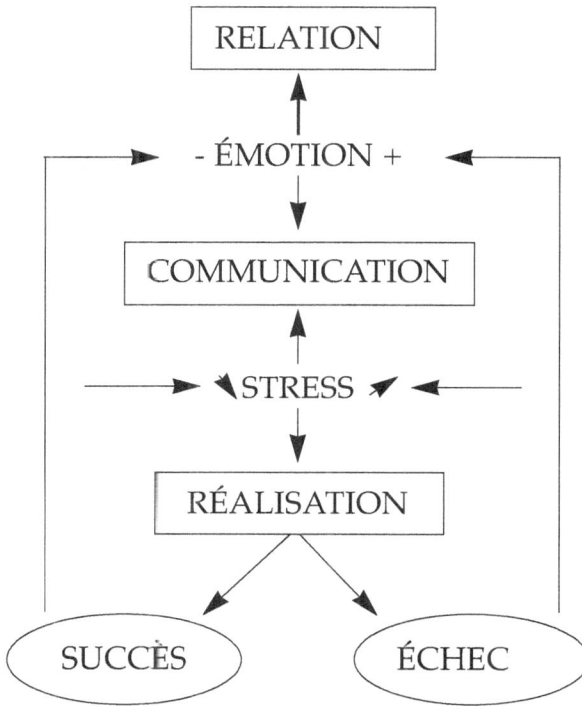

```
              ┌──────────────────┐
              │     RELATION      │
              └──────────────────┘
                      ↕
    ┌──────────→  - ÉMOTION +  ←──────────┐
    │                 ↕                    │
    │         ┌────────────────┐           │
    │         │  COMMUNICATION │           │
    │         └────────────────┘           │
    │                 ↑                    │
    │   ──────→  ◄ STRESS ↗  ←───────      │
    │         ┌────────────────┐           │
    │         │   RÉALISATION  │           │
    │         └────────────────┘           │
    │            ↙        ↘                │
    │    ╭─────────╮   ╭─────────╮         │
    └────┤ SUCCÈS  │   │  ÉCHEC  ├─────────┘
         ╰─────────╯   ╰─────────╯
```

**Tout comportement est une communication :
verbale et non verbale**

1. CONSTAT
— **L'émotion** est le transformateur de **la relation**.
— **La communication** est l'interface entre **relation et but
à réaliser**.
— **Le stress** est mis en jeu si le but visé nécessite
un changement

2. RÉSULTATS
— **Le succès** réduit le stress, positive les émotions et renforce la relation

— **L'échec** non corrigé renforce le stress et négative les émotions, fragilisant la relation.

• *Les relations « dominant-dominé »*

Toute relation est le lit potentiel d'une situation stressante. Le modèle sur lequel se bâtissent nombre de relations est celui du modèle « dominant-dominé ». Un peu comme s'il y avait deux sortes de gens : ceux qui font des ulcères et ceux qui font faire les ulcères !

Nous sommes tous gouvernés par l'instinct de plaisir et ce depuis notre naissance. Celui-ci crée un besoin à satisfaire qui oriente notre comportement vers la recherche d'objets-buts susceptibles de le satisfaire. Leur découverte nous pousse alors à un autre comportement complémentaire : tenter de s'approprier l'objet-but satisfaisant, contre la « concurrence » et quelquefois contre le désir de l'objet lui-même (relations amoureuses par exemple). Ainsi, pouvoir et domination infiltrent les relations humaines, divisant leurs protagonistes en deux clans : les dominés et les dominants. La caractéristique principale des premiers, c'est de ne pas savoir dire NON aux seconds. Leurs relations se construisent sur un mode asymétrique et même hiérarchique, où les bénéfices secondaires (se faire prendre en charge pour le dominé, et prendre une revanche sur une situation où on était autrefois dominé pour le dominant, par exemple) l'emportent au détriment du développement personnel et sur fond de sentiments négatifs.

INSTINCT DE PLAISIR
↓
**BESOIN D'APPROPRIATION
DE DOMINATION**
↓

RELATION « DOMINANT/DOMINÉ »

Au pire
« bourreau / victime »
« persécuteur / persécuté »

En conclusion :
Savoir dire NON

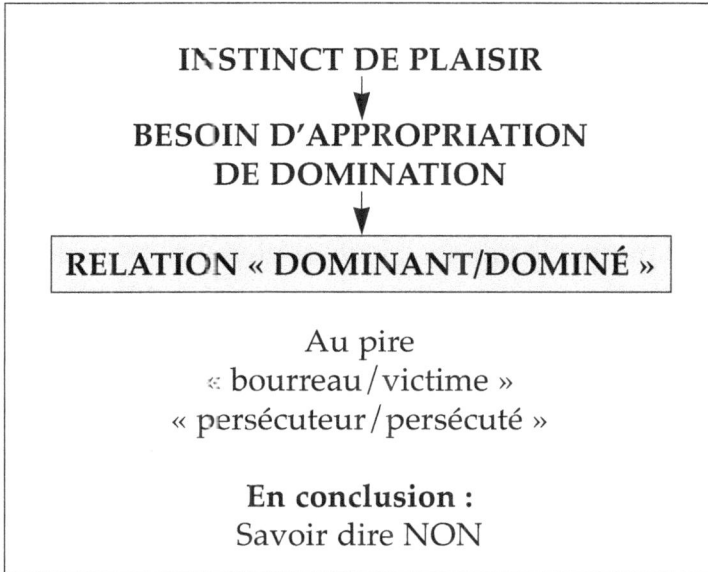

Tant que ces bénéfices secondaires sont les plus forts, il n'y a pas de souffrance avouée. Mais, à terme, s'ils deviennent moins prégnants, le stress inconscient au départ devient patent avec les contraintes d'une situation ancienne qui a insidieusement créé des habitudes défavorables ; naissent alors chez le « dominé » ces problèmes de santé non graves mais chroniques. Et c'est comme ça que, au bout de 20 ans de mariage, ce même « dominé » peut ressortir brutalement de vieilles histoires de rancœur refoulée, de frustrations ravalées, symboles d'une soumission (apparemment) librement consentie au début, en même temps que « miraculeusement » il recouvre la santé physique qui lui faisait défaut depuis presque autant de temps.

2. Comment évoluer vers d'authentiques relations ?

• Agir sur l'autre ?

C'est bien connu, « on peut tout sur soi-même, on ne peut rien sur les autres ». Si nous pouvons nous changer plus ou moins facilement, nous ne pouvons pas changer l'autre. Lui seul pourra le faire, s'il le veut bien. En revanche, notre changement l'amènera peut-être au sien propre, comme une nécessité qui s'imposerait à lui.

S'il ne nous est pas possible de modifier l'autre, nous pouvons changer de partenaire, d'amant ou de maîtresse, etc. C'est le risque de s'enliser dans la théorie du « c'est pas de ma faute, c'est de la faute de l'autre », de créer un « turn-over » relationnel rapide lui-même générateur d'insatisfactions profondes.

Nous pouvons aussi décider de faire un choix parmi les différentes relations en cours et supprimer celles qui le méritent pour limiter l'impact du nombre.

On peut envisager aussi la coupure totale avec les autres. Ce rejet pourrait bien être encore une relation aux autres, puisque reposant sur la provocation, quand il n'est pas un appel au secours, à l'aide. « Je m'éloigne de tous pour que l'on vienne me chercher… » Mais de toutes les façons, même l'ascète reste en relation avec lui-même et son idéal.

Agir sur l'autre ne peut être une voie souhaitable dans la gestion authentique de la relation et plus encore du stress. Les problèmes et les solutions sont propres à chacun, même si les apparences tendent à la simplification.

Il n'y a pas deux divorces qui se ressemblent, bien que tous les divorces soient régis par les mêmes textes de loi. Reportons-nous aux attitudes dans la communication pour voir que hormis celles de compréhension et d'élucidation, toutes installent l'autre dans une position de dépendance et faussent la qualité et l'authenticité de la relation.

• *Agir sur le lien*

Comme nous l'avons déjà laissé entendre, il est souvent plus question d'anomalies du lien entre les sujets que des sujets eux-mêmes. Agir sur le lien, c'est optimiser l'échange. Si on ne peut pas ne pas communiquer comme le postule WATZLAWICK, alors tout est question de capacité à reconnaître à travers les multiples canaux de la communication, le sens véhiculé.

Une bonne approche de la relation aux autres repose sur le développement de la confiance en soi et de son charisme, et sur la pratique d'une écoute de qualité dite active.

1. **Développer la confiance en soi** c'est apprendre à transformer l'échec en expérience. Il faut se dire d'abord que l'apprentissage est permanent, qu'il se fait plus par ses échecs que par ses réussites. Un échec n'est négatif que s'il se répète.

On constate dans les entreprises que les erreurs sont plus souvent prétextes à chercher des responsables qu'à saisir l'occasion de comprendre pour non seulement ne pas recommencer, mais trouver des solutions nouvelles. Ce n'est pas de se tromper qui est grave, mais de persister. L'erreur peut être une chance pour des comportements novateurs et créatifs.

Il faut renforcer l'estime de soi parce qu'elle sera directement proportionnelle à celle que les autres auront pour nous. Ne dit-on pas « Comment veux-tu qu'on t'aime puisque tu ne t'aimes pas toi-même » ?

Pour y arriver, commencer par s'accepter tel que l'on est avec ses limites, ses qualités et ses défauts. Il convient d'analyser clairement son potentiel pour pouvoir ensuite l'optimiser. Si nous agissons par contrainte (réelle ou imaginée) plutôt que par motivation, si notre langage utilise plus souvent la négation que l'affirmation, et si nous nous sentons plus vite coupables que responsables, il sera très difficile d'avoir confiance en soi. Essayons par exemple de dire « Je décide de… » plutôt que « Il faut que… » « Ceci m'autorise à dire à X… » plutôt que « Ceci m'interdit de dire à Y… »

Enfin, s'approprier dans de justes limites la maîtrise des événements dont on est responsable. Rappelons que les individus qui possèdent ce que nous avons défini comme un « univers de contrôle interne » ont une meilleure approche des situations difficiles.

Pour que cette appropriation soit efficace, il importe de garder la bonne distance vis-à-vis des problèmes. Très souvent, quand les choses vont mieux, ce n'est pas parce que la réalité a changé, mais parce qu'on a été capable de changer son regard sur cette réalité. Cela veut dire apprendre à relativiser, savoir hiérarchiser la gravité des ennuis, en fonction de ses priorités et non de ce qu'il est de bon ton de penser.

2. **Développer son charisme** c'est amener les autres à nous faire spontanément confiance. C'est développer sa sincérité. En voici quelques règles. D'abord ne pas juger, ni

interpréter hâtivement, se méfier de la tentation de conseiller. Une personne charismatique sait se mettre en situation, c'est-à-dire sait s'immerger dans le monde subjectif de l'autre non pour se mettre à sa place, mais pour ressentir ce qu'il ressent. On appelle cela l'empathie, et elle comprend deux composantes : la réceptivité aux sentiments vécus par l'autre et la capacité à verbaliser cette compréhension. Ce qui implique d'aller au devant de l'autre, lui accorder une véritable écoute, ainsi que l'importance qu'il mérite et le droit à la différence. Enfin, une personne charismatique accepte de se remettre en question, d'évoluer, et pour cela doit développer sa capacité d'adaptation.

Concrètement, il faut identifier les composantes « dominant-dominé » de ses comportements relationnels, puis développer sa capacité à dire non, à exprimer clairement et au bon moment ses opinions et sentiments.

• Ensuite, se fixer des axes de progrès réalistes et mesurables

Ne pas hésiter à noter par écrit de tels objectifs, et à en vérifier dans le temps la réalisation.

• Conclusions

Nous l'avons vu, le stress est une RÉPONSE que nos donnons à toute DEMANDE que nous recevons : nous définissons bien là le cadre d'une relation dans laquelle nous sommes pleinement responsables de la réponse.

Les situations de stress sont souvent des occasions d'évoluer et de progresser, ne serait-ce que dans la connaissance de soi. Mais la chose la plus difficile n'est elle pas d'accepter de se remettre en question ?

Alors, la tentation sera de « figer » la situation pour que rien ne bouge. Avec son cortège de compensations diverses qui permettront, apparemment, de faire face : tranquillisants, stimulants, coups de colère déplacés, défoulements sportifs, etc.

Nous sommes loin d'une approche de la problématique du stress qui serait tournée uniquement sur la relaxation et les conseils de détente tant physique que mentale, même si ceux-ci ont leur importance.

LES IDÉES « PHARE » ET CONSEILS PRATIQUES

LE DÉVELOPPEMENT DE LA CONFIANCE EN SOI

Apprendre à transformer l'échec en expérience :
L'apprentissage est permanent
L'apprentissage se fait plus par ses « échecs » que par
ses réussites
Un « échec » n'est négatif que s'il se répète
La non répétition de « l'échec » passe par l'analyse de celui-ci

Renforcer l'estime de soi
S'accepter comme on est avec ses limites, ses qualités
et ses défauts
Ce qui autorise à se fixer ensuite des axes de progrès réalistes
et mesurables
Importance de l'évaluation et de l'auto-évaluation

Transformer en positivant :
Les contraintes en termes de motivation : « j'ai envie...
Les négations par des affirmations
Les culpabilités par des responsabilités

Hiérarchiser et relativiser en gardant :
La maîtrise des événements dont on est responsable :
« Je décide de faire...
La distance juste par rapport aux ennuis : » hiérarchiser

LE DÉVELOPPEMENT DU CHARISME

Une personne charismatique, est une personne en qui on met spontanément sa confiance

1. *En situation, toujours tu te mettras*
2. *De changer, tu accepteras*
3. *Ta capacité d'adaptation tu développeras*
4. *Tes responsabilités tu assumeras*
5. *Te remettre en question tu accepteras*
6. *Au devant de l'autre toujours tu iras*
7. *Jamais tu ne jugeras*
8. *À l'autre une véritable écoute tu accorderas*
9. *À l'autre l'importance qu'il mérite tu donneras*
10. *À l'autre le droit à la différence toujours tu octroieras*

L'ÉCOUTE ACTIVE

L'écoute proprement dite :

Sans couper la parole
Laisser l'autre aller jusqu'au bout
Sans geste négatif
Montrer par son attitude que l'on écoute
Sans juger à priori
Accepter que l'autre a de fortes raisons
(et non bonnes ou mauvaises) d'agir ainsi
Sans préparer en même temps sa réponse
Écouter jusqu'au bout
Sans fuir le regard
Les yeux dans les yeux

La réponse :

Reformuler ce que l'autre a dit :
— en vérifiant qu'il est satisfait de la reformulation
— en utilisant ses mots
— en faisant préciser au besoin le sens de certains mots
— en demandant les informations complémentaires
  nécessaires

Apporter son point de vue :
— calmement
— en se mettant bien dans la situation voulue
— en affirmant sans imposer

10

Adopter des stratégies organisationnelles

1. Le constat

La société et les socio-organisations sont en mutation permanente et accélérée, générant des changements itératifs dont l'accompagnement s'avère maintenant nécessaire en raison de la vitesse et de leur complexité.

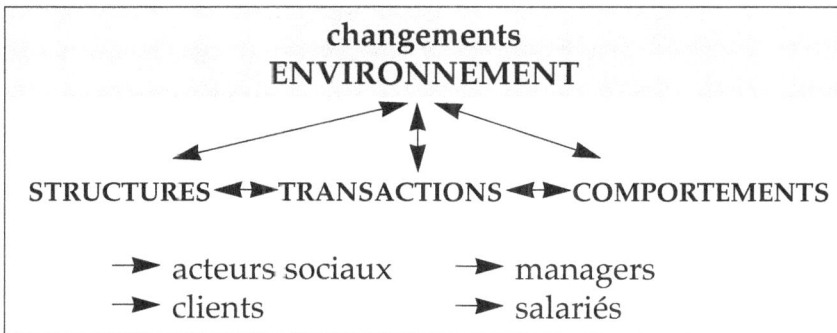

```
                    changements
                  ENVIRONNEMENT


STRUCTURES ◄►TRANSACTIONS◄► COMPORTEMENTS

   ➤ acteurs sociaux      ➤ managers
   ➤ clients              ➤ salariés
```

Avec effet rétroactif, les changements environnementaux entraînent des changements structurels, transactionnels et comportementaux.

Les changements transactionnels se font entre l'organisation et ses membres d'une part, et l'organisation et ses clients d'autre part.

Les changements comportementaux concernent managers et managés.
Le changement correspond au minimum à une demande, ou plus à une pression, et au pire à une contrainte. Il peut être objectivement comme tel, ou subjectivement vécu comme tel.

Il peut être naturel, dans l'ordre des choses, mais pas forcément accepté. Il peut être artificiel, mais nécessaire ou même un mal nécessaire.
Il peut se faire sous l'effet d'une « force » et, malheureusement quelquefois, par la force…

Cette « force » sera soit totalement extérieure aux personnes, (une obligation imposée), soit intégrée par elles dans une acceptation librement choisie. Celle-ci ne sera possible que si la finalité est bien perçue comme à la fois un progrès, en même temps qu'un retour à terme à un niveau énergétique de « croisière ».

Le changement librement accepté est donc un changement dont la force est parfaitement intégrée par le sujet qui en devient alors acteur, et quelque part détenteur d'une parcelle de pouvoir.

2. La dimension humaine du changement

L'Homme a existé, existe et existera toujours avant ce qu'il construit : entreprises, collectivités et socio-organisations.

Celles-ci sont alors la résultante de ses comportements directs et de ses interactions avec ses semblables et son environnement.

Si l'accompagnement au changement devient nécessaire, il passe préalablement par une réhabilitation et un développement du potentiel de changement de l'individu, seul à même de lui permettre d'optimiser son adaptation aux turbulences conjoncturelles, et autoriser l'épanouissement de toutes ses ressources créatrices.

L'attitude qui consisterait à simplifier la réalité pour la faire admettre en la schématisant serait réductrice et donc fausse. A l'inverse, celle qui consisterait à envisager « les bonnes vieilles méthodes », ou des réponses pseudo-miraculeuses à effet « booster » ont des avantages de courte durée.

EXEMPLE

Les tentatives de résolution de la problématique des comportements et de l'adaptation par la pratique quasi-exclusive de la « relaxation », sous quelque forme que ce soit, aboutirait au même résultat que celui de la prescription systématique d'antibiotiques dans toutes les infections : une baisse des défenses naturelles de l'organisme.

A l'opposé, la réalisation d'une « gestion du stress par le stress », au travers de stages dits hors limites (saut à l'élastique, etc.) fragilise un peu plus le sujet, voire peut entraîner une véritable sidération de ses capacités.

Enfin, la « rééducation » des comportements par l'apprentissage d'une meilleure organisation de son emploi du temps, l'instauration d'un hygiène de vie, etc. ont leur utilité, mais répondent uniquement au « comment ? » et non au « pourquoi ? ».

Il faut reconsidérer le stress comme l'outil naturel dont sont pourvus les individus pour leur permettre d'être actifs et même proactifs dans la nécessaire évolution à laquelle ils se doivent de participer.

L'Homme est, depuis toujours, condamné à s'adapter, et il ne peut le faire que parce qu'il sait stresser. Cela s'apprend et se gère. L'individu possède les potentialités de changement, mais la collectivité n'en permet pas une utilisation correcte parce qu'elle oppose son conservatisme et son statisme hérités de l'éducation.

Que faire ?

Accompagner le changement, prévenir les résistances, c'est gérer le stress avant d'avoir à en traiter les conséquences.

Sans une prise en compte préalable de l'individu dans toutes ses dimensions humaines et sociales, il ne peut y avoir d'efficience et d'efficacité pour la réussite des projets humains, quels qu'ils soient.

Il faut mettre à la disposition des individus et des organisations les outils leur permettant d'œuvrer dans le sens d'une optimisation de leurs potentiels, en vue de faciliter l'adoption par eux-mêmes de comportements adaptés aux turbulences de leur environnement, tant dans les domaines professionnels que privés.

Ces outils pédagogiques veulent ainsi :
— approcher au plus près l'étiologie et la prévention
   des situations d'échec en milieu socio - professionnel,
— proposer un recentrage sur l'individu, préalable
   indispensable à toute « formation » ultérieure,
— permettre ensuite une prise de conscience plus réaliste
   de la complexité,
— et ainsi autoriser une meilleure faculté d'adaptation
   tant des individus que des socio-organisations auxquelles ils appartiennent, par l'amélioration de leurs
   relations.

L'étude des stratégies d'ajustement à l'adversité (stress perçu, contrôle perçu et conduites adoptées) permet un diagnostic et une approche « thérapeutique » indispensables pour trouver la bonne distance face à la demande, et donc la bonne gestion du stress.

Enfin, il existe différents moyens destinés à traiter les conséquences médicales néfastes du stress, tant au plan somatique que psychique.

En conclusion, l'échec de notre adaptation, signant un stress mal géré, relève de causes multiples liées à l'environnement (agents stresseurs) du sujet, et au sujet lui-même (son vécu personnel de la situation stressante). Ce vécu personnel, constitué de facteurs innés et acquis, sera l'armature de ses réactions physiques et psychiques. Les conséquences de l'échec seront de fait variables, allant du plus bénin au pire, avec comme corollaire les implications socio-économiques déjà évoquées.

3. La résistance au changement

Il sera question ici uniquement de résistance au changement chez les personnes qui le vivent sans en être les instigateurs.

Il y a bien sûr changement et changement. Nous retenons trois types de changement, chacun générant au minimum une certaine dose de stress :

— LES CHANGEMENTS DE FORME, ceux qui modifient superficiellement l'organisation.
— LES CHANGEMENTS DE RYTHME, par la « simple » intensification et accélération du travail.

— LES CHANGEMENTS DE FOND, ceux qui la remettent, tout ou partie, en cause. Ils peuvent générer des résistances qui augmentent le stress, mais qui permettront peut-être des aménagements de ce même changement pour une meilleure efficacité et une plus grande acceptation au final.

Nous n'évoquerons pas les situations perverses, qui ne disent pas leur nom, où par exemple sous prétexte de solliciter l'initiative des travailleurs, le management essaye en fait d'augmenter son contrôle.

Existe-t-il une résistance « naturelle », primaire, au changement, un conservatisme de principe ? Ou au contraire, le changement ne génère-t-il que des résistances secondaires ?

Nous allons tenter d'apporter quelques éléments de réponse à cette question qui pourrait surprendre en y regardant de plus près.
En effet, quand on demande massivement aux citoyens que nous sommes : « Voulez-vous que ça change ? », la réponse est très majoritairement « Oui ». Ce qui dénote au minimum d'une insatisfaction des conditions de vie, de travail, etc.
Et à la question suivante : « Acceptez-vous le changement qui est mis en place ? », le consensus est alors rarement obtenu…

Nous allons nous placer selon trois points de vue : celui du physiologiste, celui du psychologue et enfin celui du sociologue.

• *Le point de vue du physiologiste*

L'être humain est « programmé » pour à la fois dépenser le moins possible d'énergie, ce qui lui permet de durer ; et en même temps « outillé » pour changer, c'est-à-dire équipé des matériaux nécessaires pour évoluer et s'adapter, ce qui aura pour conséquence d'augmenter sa dépense énergétique et pour finalité de modifier peu ou prou ses comportements, habitudes, etc.

Cet « outillage », qui est le même depuis la nuit des temps, met en branle cerveau et muscles, c'est-à-dire réflexion et action physique. Or, celle-ci est de moins en moins actionnée en situation de stress, notre mode de vie moderne s'étant sédentarisé. Il s'en suit une accumulation de toxines dont les effets néfastes sur la santé, couplés à des règles hygiéno-diététiques souvent insuffisantes, participent à la survenue de maladies dites « du siècle » : maladies cardio-vasculaires, cancers, problèmes de dos, ulcères, etc. Si choléra et peste ont disparu de nos contrées, si la tuberculose a régressé (pour reprendre un peu d'activité depuis quelques années), d'autres affections ont ainsi pris le devant de la scène, reflet et conséquences de nos modes de vie.

Cette « programmation », inchangée depuis que l'homme est homme, le pousse à rester ou à retourner au niveau minimal de dépenses énergétiques compatible avec son train de vie. Ceci est valable tant pour les dépenses physiques que psychiques. Le Désir, né du Manque, s'accompagne d'une tension énergétique que la Satisfaction du Désir viendra faire retomber.

En conséquence, l'individu pris dans cette dualité, devra faire un choix qui dépendra de sa volonté, mais aussi de la marge de manœuvre dont il dispose, et de l'intérêt qu'il y trouvera.

Changer, donc stresser, donc dépenser plus d'énergie ? Oui, à condition que cela en vaille la peine et qu'il puisse y avoir un retour à ce niveau minimal de dépenses par la suite.

On imagine sans peine que la réponse sera négative dans le cas contraire.

Selon ce point de vue donc, il n'y aurait pas de résistance primaire au changement, mais la mise en jeu d'un système coûteux en énergie et donc pas forcément compatible avec la pérennité du sujet. Cette situation impose alors de :
— justifier le changement comme bénéfique à terme,
— selon des modalités de mise en place limitées
    dans le temps,
— pour des effets de longue durée,
— et suivi d'un retour au régime de croisière
    énergétique ».

• *Le point de vue psychologique*

Changer, c'est renoncer à tout ou partie de ce qui fait l'iden-tité du sujet. Cela peut même signifier devenir quelqu'un d'autre : l'agriculteur obligé de renoncer à son métier pour aller travailler en usine devient un autre. Le responsable mécanique du parc automobile d'une grande entreprise, passant de ce poste à celui de conseiller client dans la même entreprise, ne sera plus tout à fait le même.

Sur un plan cognitif, il va falloir apprendre à être cet « autre », c'est à dire : intégrer de nouveaux automatismes, et abandonner les précédents. Ce qui signifie d'accepter momentanément une certaine régression, sans être sûr de maîtriser les nouvelles procédures ou technologies. L'apprentissage mobilisera concentration, mémoire, attention, ce qui se fera plus ou moins facilement selon l'âge, les capacités intellectuelles, le désir, les conditions environnementales. Les personnels seront-ils en mesure de s'approprier le changement ? Des projets n'échouent-ils pas parce que, « bombardés » d'en haut par des penseurs éloignés du terrain, ils n'ont pas suffisamment tenu compte de leur impact sur l'identité des personnels concernés ?

Sur le plan émotionnel, il va falloir éviter d'abord de nier ses émotions, puis les identifier et mettre enfin en évidence les représentations qui les sous-tendent. Elles font totalement partie du changement, dans la mesure où elles sont à la fois à la base et cheminent avec lui durant tout son processus. Nous avons déjà vu que l'émotion est le modificateur de la relation, le filtre de la communication. Elle ajoute un coefficient pondérateur à l'événement. Mais, plus que cela encore, elle peut être le starter indispensable du changement : plaisir, passion, joie seront d'excellents moteurs de n'importe qu'elle évolution. Mais en même temps, les nouvelles acquisitions et le passage quasi obligatoire par des erreurs, vont engendrer une atteinte de l'image de soi. Au total, le bilan entre les émotions pénibles et agréables ressenties par le sujet soumis à un changement qu'il n'a pas déclenché fera pencher la balance du côté de la résistance s'il est négatif bien sûr. Et inversement.

Sur le plan motivationnel, la motivation est-elle nécessaire voire indispensable au changement et la résistance signifie-t-elle absence de motivation ? Je ne le pense pas, ou en tout cas, les choses ne sont certainement pas aussi simples. L'être humain vient au monde avec des besoins (innés), véritables sources d'énergie, nécessitant et imposant la recherche des objets - buts pour faire cesser l'état de besoin. La motivation (acquise) n'est autre que la liaison entre l'un et l'autre, le processus appris qui permet d'obtenir la satisfaction d'un besoin (voir chapitre II, deuxième partie).

BESOINS	États de l'organisme à l'origine d'une activité générale (énergie innée)
MOTIVATIONS	États de l'organisme appris et dirigés vers un but (processus acquis)
BUTS	Objets destinés à faire cesser le besoin.

Le changement est-il un besoin inscrit dans le patrimoine inné du sujet? Ou plutôt la conséquence d'une insatisfaction, d'une lassitude, ou d'une inadaptation entre le sujet et son environnement?

Le changement est une capacité dont le sujet dispose, si nécessaire, pour actionner une évolution volontaire de sa part, ou pour essayer de suivre celle qu'on lui propose ou impose.
La motivation, elle, répond aux besoins fondamentaux de l'individu, comme la réalisation de soi-même, le développement de ses relations affectives, etc.

Par contre, la mobilisation et le volontarisme seront deux atouts indispensables du changement.

Dans une vision systémique de la motivation, celle-ci se définit ainsi comme **le processus par lequel l'individu va prendre la décision de s'investir ou non dans l'action qu'il choisit librement.**
La motivation dépendra alors :
1. du désir de cet acteur, dont la réalisation entraîne la stimulation du désir,
2. de son état de besoin qui déclenche alors une disposition naturelle à agir,

3. de l'anticipation sur les avantages et intérêts probables qu'il en retirera.

En fait, selon le principe de causalité circulaire, ce fonctionnement en boucle « s'auto-amplifie » quand il est reconnu positif par le sujet, et ses aspirations ont alors tendance à croître.

A l'inverse, quand le principe de causalité circulaire est reconnu comme négatif, l'accumulation de frustrations amène progressivement à la résignation, voire à la démobilisation.

La **résistance** sera alors l'utilisation de la même énergie que celle du processus motivationnel, mais à des fins différentes :
1. Protection des acquis du sujet,
2. Réduction des tensions émotionnelles négatives et désagréables,
3. Tentatives de modifications et d'infléchissement du changement en cours, dans un sens plus proche de celui du sujet.

Dans le cadre d'une action de changement qui est « proposée » à l'acteur social :

1. si elle repose aussi sur un de ses besoins (besoin de réalisation personnelle par exemple), son adhésion et sa motivation seront acquises ou en voie de l'être.
2. si elle n'est pas en phase avec un de ses besoins propres, mais se révèle nécessaire malgré tout pour des raisons par exemple collectives, sa motivation ne sera jamais acquise. Seules, sa mobilisation par encouragement de son volontarisme seront accessibles, en fonction des « arguments » utilisés…

Au total, il n'y a pas non plus de résistance « de principe »
au changement, qui s'accompagne malgré tout et toujours
d'un coût émotionnel, même si le solde est positif.

Ce qui importe, c'est donc de prendre en compte :
— cette dimension émotionnelle,
— et les besoins réels des différents acteurs impliqués
   parce que cela conditionne indubitablement la qualité des apprentissages et leur efficacité.

• *Le point de vue sociologique*

Le contexte

F. DE KONINCK nous dit que « lorsque l'on interroge les
salariés supposés résister, on entend dans leur bouche, au
contraire, une forte demande de changement. » Citant
MENDRAS et FORSE : « les acteurs ne sont pas attachés de
façon passive à leur routine : tout le monde est prêt à changer rapidement s'il y trouve son compte, mais en revanche
on résistera en fonction des risques encourus. »

Rappelons que l'évolution des organisations se fait dans
un contexte paradoxal :
1. ce sont des systèmes artificiels qui ne peuvent perdurer
   que s'ils s'en donnent les moyens,
2. évoluant dans un environnement externe fluctuant,
3. et un environnement interne humain, donc irrationnel.

D'où l'émergence sur le terrain de deux logiques différentes :
1. celle de la dynamique décisionnelle, de nature socio-
   économique, la logique des buts,
2. celle de la logique humaine des acteurs sociaux inscrits
   en son sein, la logique des acteurs.

De ce fait, le changement voulu par les uns a toutes les
chances d'être différent, voire très éloigné de celui voulu

par les autres. La négociation se révèle incontournable, pour aller vers un compromis entre intérêts divergents.

Il est faux alors, mais tellement humain, d'affecter de croire que l'autre est habité d'une « résistance naturelle et innée au changement », pour expliquer le blocage des situations.

Quels sont les causes invoquées pour justifier ou expliquer les résistances au changement ?

1. *D'abord et avant tout : le flou et l'incertitude.*
   On retrouve la nature même des environnements. Les membres de toute la ligne hiérarchique sont douées d'une rationalité et d'une irrationalité qu'aucun ordinateur ne mettra jamais en équations.
   Les environnements externes : turbulents et en mutation accélérée, ils infèrent de nouveaux enjeux, modifiant les cadres de référence (mondialisation) et les champs concurrentiels (couple entreprise/clients) dans une contraction de l'espace/temps due aux NTIC (nouvelles technologies de l'information et de la communication).
   Le turn-over rapide de certains salariés, et notamment du management intermédiaire ajoute une note d'inquié-tude dans le climat d'incertitude.

   Le contrat de travail est en pleine mutation vers une terminologie qui est de plus en plus floue : employa-bilité, nomadisation, annualisation, ce qui impose en échange une augmentation de participation à la conception, au suivi, et au contrôle de la production.
   Enfin, bien que cette liste ne soit pas exhaustive, la durabilité des projets est rarement précise : l'absence de jalons dans le temps ne permet pas aux acteurs un investissement raisonné.

2. *Les injonctions contradictoires*

   « Soyez participatifs, mais c'est moi qui décide » et autres, sont autant d'occasions de créer des situations de blocage, voire de méfiance peu propices à la prise d'initiatives.

   Les nouveaux mots d'ordre sont souvent de faire « plus vite et mieux » en même temps, ce qui va totalement à l'encontre du bon sens populaire (vite et bien, ça ne va pas ensemble). Les salariés ont de plus en plus le sentiment que l'on met en avant des objectifs quantitatifs au détriment de la qualité.

3. *La modification des structures ou des procédures* provoquent souvent, de façon claire ou non, une remise en cause de la légitimité de certains personnels aux postes qu'ils occupent. Et très naturellement de leur part, on observera des blocages par le biais de rétention d'information, ou excès de zèle dilatoire.

4. *On ne peut passer sous silence la solidarité des acteurs sociaux* avec les laissés pour compte du changement. Cette solidarité semble d'autant plus forte que l'on se rapproche de la base sociale. Elle constitue alors un frein d'autant plus efficace qu'elle mobilise un grand nombre de personnes, et qu'elle s'accompagne d'une réactivation des vieilles injustices du passé, jamais parfaitement réparées.

Au total, il n'y a pas non plus d'argument sociologique en faveur d'une résistance primaire au changement. Mais force est de constater que les organisations sont prises entre des obligations contradictoires, et ce d'autant que :

— les acteurs sociaux sont de plus en plus sujets agissants, et de moins en moins objets,

— les logiques qui dirigent les organisations sont complexes, voire antinomiques,

— les mentalités évoluent moins vite que les progrès technologiques.

Il importe donc :
— d'accepter la complexité et l'incertain
— de gérer le changement comme une constante
— d'initier de nouvelles formes de vie au travail

• *Conclusions*

Résister au changement est souvent interprété comme la volonté de préserver les acquis et un certain confort. On parle même d'immobilisme. Or c'est oublier que ce même individu est aussi « programmé » biologiquement pour rechercher les situations de dépenses énergétiques minimales. Si changer c'est stresser, stresser c'est augmenter ses dépenses énergétiques.
Ainsi, l'individu peut être :
— soit satisfait de son sort et peu désireux de changement
— soit insatisfait et souhaitant alors une évolution plus conforme aux besoins et désirs de sa situation.
Et voilà le « hic » : pourquoi accepter un changement non désiré, ou pourquoi accepter un changement qui ne va pas dans le sens voulu ?

Il importe donc de redonner :
1. un climat de confiance où la dimension émotionnelle rejoindra la rationalité sans être suspectée de la dévoyer.
2. la parole, qui doit favoriser la restauration ou l'instauration d'une vraie communication dépolluée.
3. du temps : le développement des NTIC, et la volonté de maîtriser l'information génèrent des comportements producteurs (et dévoreurs) d'informations inutiles ou redondantes, grandes consommatrices de temps.

Alors, pourra commencer la négociation incontournable destinée à trouver le compromis entre logiques contraires et tout à fait licites pourtant.

LES IDÉES « PHARE »

Personne ne peut plus nier que toutes les socio-organisations sont en mutation accéléréedans un contexte de plus en plus complexe et turbulent.

L'accompagnement des changements devient indispensable : *il doit prendre en compte la dimension humaine de ce changement et donc le stress.*

La résistance des hommes aux changements n'est pas innée : *elle est secondaire aux coûts émotionnels et énergétiques, ce d'autant plus que les discordances entre les fondements des changements et les besoins des acteurs sociaux sont importantes.*

TESTEZ-VOUS !

A partir de ces dix exemples, où les sujets sont en situation de stress soit professionnel soit privé, retrouvez les douze mécanismes de défense vus au chapitre 7 de la quatrième partie de cet ouvrage.

1. Paul a encore oublié que sa belle-mère devait venir déjeuner ce week-end : il s'est engagé avec Jacques son meilleur ami pour une partie de pêche.

_____

2. N'ayant pas les moyens d'acheter une Mercedes comme mon voisin, je raconte que finalement ce n'est pas nécessaire d'avoir une telle voiture, que ma vieille Renault 5 fait encore très bien l'affaire et que de toutes les façons, il y a de meilleures façons de dépenser son argent.

_____

3. Chaque fois que Michel est contrarié en réunion, il se cale en arrière sur sa chaise et suce nerveusement son stylo.

_____

4. J'ai rencontré une jolie fille qui est tombée sous mon charme : je le vois bien, elle me regarde en coin et son silence signifie son intérêt pour moi.

_____

5. Pierre donne de grands coups de pieds dans les montants de son bureau, quand il bute sur un problème d'ordinateur.

_____

6. Les médecins, en face d'une très jolie femme qu'ils doivent examiner, se doivent « d'oublier » leurs pulsions sexuelles en n'accordant à leur patiente qu'un statut d'être humain asexué.

7. Ce jeune stagiaire intimidé par le public, calque son comportement sur celui de son professeur : même intonations de voix, mêmes exemples, mêmes mimiques…

_____

8. Depuis qu'il s'est mis à la peinture, ce jeune homme n'éprouve plus le besoin de traîner le soir dans les mauvais quartiers de sa ville à la recherche d'une bagarre.

_____

9. M. Gauthier avait toujours été très timide : plus il ressentait du désir pour Madeleine, plus il espaçait ses visites, et lui répondait même sèchement au téléphone.

_____

10. Mal dans son travail pénible et peu gratifiant, Nicolas se rattrape dans les activités associatives : il préside un club de football et assure le secrétariat de l'association des locataires de son quartier.

_____

11. Roger prête peu d'attention aux réflexions de sa femme sur la faiblesse de ses revenus : il sait qu'un jour il sera un écrivain reconnu et riche.

_____

12. Cela faisait bientôt 3 mois que Gisèle prenait consciencieusement sa douche quotidienne sans remarquer cette grosseur dans son sein gauche, de la taille d'un pamplemousse maintenant.

RÉPONSES AU TEST

Chaque numéro correspond à la réponse :

1. **Refoulement**

2. **Rationalisation**

3. **Régression**

4. **Projection**

5. **Déplacement**

6. **Isolation**

7. **Identification**

8. **Sublimation**

9. **Formation réactionnelle**

10. **Compensation**

11. **Fantasme**

12. **Déni**

Conclusion

Complexité, stress, créativité… Et si tous ces termes, plus ou moins bien compris, mais au cœur des préoccupations grandissantes de tous relevaient des mêmes causes d'échec ou de réussite?

La complexité grandissante nous somme d'être créatifs, en même temps qu'elle majore… le stress dont les conséquences d'une mauvaise régulation sont justement d'inhiber cette logique d'innovation.

Le stress n'est ni une maladie, ni une tare héréditaire dont il conviendrait de se débarrasser à coup de « médications » diverses. Le stress se définit comme une transaction du sujet avec son environnement, lui permettant de s'adapter à celui-ci ou à l'inverse de le modifier. Système totalement ouvert, l'homme est capable d'influer sur son milieu comme sur lui-même. C'est à dire qu'il possède l'outillage nécessaire pour trouver les comportements adéquats. Le stress comprend l'ensemble des réactions biologiques, physiques et psychiques qu'un individu peut déployer dans le but d'ajuster ses relations aux variations environnementales. Ainsi redéfini, il se distingue de ses conséquences, confusion trop souvent faite couramment, et qui obère toute tentative d'approche sérieuse. Le stress est en fait un potentiel énergétique indispensable pour réussir les mutations demandées par la vie. Sans capacité à stresser, pas d'évolution possible.

L'excès de stress, et son cortège de souffrance, provient d'une situation de mutation qui perdure sans trouver son nouvel équilibre, ou alors d'une résistance au changement.

Les conséquences du stress ainsi mal régulé, ou qui n'aurait pas permis l'adaptation nécessaire, sont à ranger au catalogue des maladies tant humaines que socio-professionnelles, et se déclinent dans divers registres ayant pour dénominateur commun : la non adaptation.

Peut-on éviter le stress ? La réponse est sans ambiguïté : non. Le stress est un processus physiologique, indispensable à la vie. Il n'y a que dans les cimetières que l'on trouve des gens non stressés… Mais si l'excès de stress est nocif, pas assez de stress l'est tout autant. Eliminer le stress reviendrait à s'éliminer soi - même. Sans stress, nous serions incapables de faire face à toutes les étapes de nôtre vie relationnelle et à toutes les échéances de nôtre évolution.

Ce qui compte, c'est :

— le type et la qualité de l'agent stresseur
— l'intensité et la durée du stress, en réponse
  à cet agent stresseur,
— et la capacité de gestion de ce stress par le sujet.

La première dépend de l'agent causal. Les deux dernières dépendent des qualités physiques et pychoémotionnelles du sujet, c'est à dire sa capacité à positiver la situation de stress.

En y regardant de plus près, si STRESS = RÉPONSE à une DEMANDE, l'association DEMANDE/RÉPONSE, signifie la RELATION.

Nous vivons dans un contexte de sollicitations diverses et permanentes qui génèrent un état dynamique dans un cadre relationnel en perpétuelle évolution.

Nous sommes caractérisés par nos relations, qu'elles se fassent vers notre environnement extérieur ou intérieur. Nous nous définissons au travers de nos relations. Elles sont le support de nos actions et réactions, de nos demandes et réponses, donc support et source du stress. La capacité de positiver le stress, qui est la seule façon d'avancer à un moindre coût énergétique et sans conséquences nuisible pour nous et les autres, dépendra d'une bonne gestion de nos relations, donc de notre stress.

Il paraît judicieux d'aborder le stress et sa complexité en le replaçant dans le cadre justement complexe où il évolue, et de ne pas se contenter de rechercher et d'isoler les facteurs de stress.

Il serait incomplet de prétendre mieux gérer son stress en ne modifiant qu'un aspect des choses. Par exemple, en ne corrigeant que ses (mauvaises) habitudes de vie, en supprimant la cause apparente, en « psychiatrisant » automatiquement tout individu stressé.

Il est indispensable de réunir dans cette prise en charge tout les facteurs agissants et de tenter non seulement de les modifier quand c'est possible, mais de s'adresser aussi aux interactions qu'ils produisent. L'étude du stress et la prévention d'éventuelles conséquences néfastes tant humaines que socio-professionnelles repose donc sur l'abord et la connaissance des stresseurs et des stratégies d'ajustement du sujet face à ces stresseurs (ou coping).

Nous ne sommes plus dans une logique où métier = travail. Non pas seulement parce que, dans une vision réductrice, certains sujets connaissent un métier dans une branche professionnelle saturée et donc ne trouvent pas de place sur le marché de l'emploi, mais aussi et peut être de plus en plus parce que connaître son métier ne suffit plus.

Certains, malgré les opportunités réelles et leur niveau de qualification ne travaillent pourtant pas, ou travaillent mal, ou vivent mal leur travail, ou vivent mal tout court.

Peut-on réellement parler de branches professionnelles saturées? Ne s'agit-il pas plutôt de zones géographiques saturées, de répartitions inégales, de blocages culturels, etc. bref d'INADAPTABILITÉ des réponses aux demandes?

Apprendre son métier ne suffit plus : il faut aussi apprendre à vivre son métier.

On peut reprendre la célèbre phrase de Darwin en la modifiant très légèrement : ce ne sont pas les individus les plus forts ou les plus intelligents qui survivent, mais ceux qui s'adaptent.

Lexique

Acides aminés

Éléments de base entrant dans la constitution des protéines (un peu comme les briques d'un mur).

Addictions

Comportements signifiants une dépendance (alcool, drogue, etc.)

Adrénergique

Qui aboutit à la sécrétion d'une hormone appelée adrénaline

Alexithymie

Incapacité à reconnaître et exprimer ses sentiments

Algies

Douleurs

Anxiogène

Qui provoque de l'anxiété

Benzodiazépines

Famille de médicaments utilisés essentiellement comme sédatifs

Cognitions

Pensées automatiques apprises

Coping

De l'anglais to cope, faire face ; coping : action de faire face à une situation difficile.

Cybernétique

Science de l'information

Dilatoire

Qui vise à gagner du temps

Endorphines

Hormones naturelles comparables à la morphine et sécrétée en situation de stress notamment.

Extraverti

Se dit d'une personne qui extériorise beaucoup ses émotions et sentiments.

Homéostasie

Tendance à l'équilibre ou à la stabilité pour la conservationdes constantes physiologiques de l'organisme.

Iatrogène

Substance ou acte qui déclenche une maladie

Immunogène

Qui a une action protectrice et immunisante

Introverti

Se dit d'une personne qui n'extériorise pas ou peu ses émotions et sentiments

Médullosurrénale

Les surrénales sont des glandes situées sur les reins. Elles se divisent en deux parties : une partie interne appelée la médullosurrénale, et une partie périphérique, la corticosurrénale.

Morbide

Qui relève de la maladie

Neurotransmetteurs

Substances chimiques intervenant dans la conduction de l'information le long des voies nerveuses

Ocytocine

Hormone des mammifères qui déclenche l'accouchement

Oligo-éléments

Éléments présents en très petite quantité, et longtemps considérés de ce fait (à tort) comme sans intérêt

Pathogène

Se dit d'une substance, d'un organisme ou d'une action susceptible d'entraîner l'apparition d'une maladie (action pathogène des virus, des mauvaises conditions de vie, etc.)

Périarthrite

Nom générique pour désigner une inflammation autour de l'articulation (hanche, épaule, etc.)

Psychogène

Terme (relativement impropre d'ailleurs) pour désigner une souffrance d'origine psychologique

Psychologie cognitive

Psychologie qui vise à décrire et modéliser les mécanismes de la pensée.

Rectocolite

Affection touchant colon et rectum, et caractérisée par des inflammations et des ulcérations.

Résolutif

Qui peut se résoudre, soit spontanément, soit à l'aide d'un traitement

Sels minéraux

Substances construites à partir du minéral (sodium, potassium, magnésium, etc.)

Transaction

Relation à double sens caractérisée par un échange

Transcutané

Au travers de la peau

Bibliographie

A

ABRIC J-C.
Psychologie de la communication, Armand Collin, 1996

ALDORFER C.P.
Existence, relatedness and grow, New-York,
The Free Press, 1972

B

BATESON G.
Codage et valeur, (1951) dans Levy A.,
Psychologie sociale, 1970

BIRDWHISTLE R.L.
The language of the body. The natural environment of works,
New-York, Wiley, 1974

BONFILS S.
Impertinente psychosomatique, Paris, Odile Jacob 1995

BRUCHON-SCHWEITZER M. et DANTZER R.
Introduction à la psychologie de la santé, Paris, PUF, 1994

C

CHALVIN D.
Faire face au stress de la vie quotidienne, ESF, 1994

CURTAY J-P
La nutrithérapie, Éditions BOIRON, 1999

CYRULNIK B.
Nourritures affectives, Éditions Odile Jacob, 1993

Apprivoisez votre stress

D

DANTZER R. et GOODALL G.
« Psychobiologie du stress « in BRUCHON-SCHWEITZER M. et DANTZER R., « Introduction à la psychologie de la santé », Paris, PUF, 1994

DEJOURS C.
Souffrance en France, Seuil, 1998

DE KONINK F.
Résister au changement : une attitude rationnelle, in Sciences Humaines, n° 28, 2 000

DUBARRY J., TAMARELLE C.
« Etude expérimentale de la pénétration de quelques éléments marqués à travers les téguments et de leur distribution dans l'organisme » Rev. Int. Océanogr. Méd., T. XXIV, 1973

DUBOIS N.
La psychologie du contrôle : les croyances internes et externes, Grenoble, Presses Universitaires de Grenoble, 1987

F

FISCHER G-N.
La dynamique du social, Paris, Dunod 1992

FREUD S.
Essais de psychanalyse, Paris, Payot, 1976

FRIEDMANN H.S. et ROSENMANN R.H.
Type A behavior and your heart, New-York, Knopf, 1974

G

HERZBERG F.
Le travail et la nature de l'homme, Paris, Entreprise moderne d'édition, 1971

K

KIRSTA A.
Le stress, Robert Lafont, 1987

298

© Éditions d'Organisation

L

LAZARUS R.S. et FOLKMANN S.
Stress, apraisal and coping, New-York, Springer, 1984

LABORIT H.
« *L'inhibition de l'action* » Paris, Masson, 1979

LABORIT H.
Eloge de la fuite, Paris, Robert Lafont, 1976
LES ECHOS,
Dossier Management (Catherine Levi), 22 février 2000

LOO P. et LOO H.
(1996), Le stress permanent, Paris, Masson

M

MASLOW A.
Vers une psychologie de l'être, Paris, Fayard, 1972

N

NEWCOMBE T.M., TURNER R.H., CONVERSE P.E.
La communication, Manuel de psychologie sociale,
Paris, PUF, 1970

P

PAULHAN I. et BOURGEOIS M.
Stress et coping, PUF, 1995

PETER L.J. et HULL R.
The principle of Peter, Stock, 1970

PORTER G.H.
An introduction to therapeutic counseling,
Boston, Houghton Miffin, 1950

R

ROGERS C.
Le développement de la personne, Paris, Dunod, 1967

S

SELYE H.
Le stress de la vie, Paris, Gallimard, 1956

SHANNON C.F.
Théorie mathématique de la communication, Paris, Retz, 1974

T

TRIBUNE SANTE,
n° 42, 1998

U

USINE NOUVELLE,
Sondage SOFRES, avril 1997

V

VINCENT C-P.
Du paradoxe à la contradiction, Paris, ESF, 1993

VON BERTALANFFY L.
General System Theory, New-York, 1969

W

WATZLAWICK P.
Changements, Paris, Le Seuil, 1975

WATZLAWICK P.
Une logique de la communication, Paris, Le Seuil, 1972

www.ingramcontent.com/pod-product-compliance
Lightning Source LLC
Chambersburg PA
CBHW060330200326
41519CB00011BA/1889